歎異抄の輝き

——唯円が出遇った親鸞

小野蓮明
Ono Renmyo

本書について

『歎異抄《たんにしょう》』は、親鸞聖人《しんらんしょうにん》（1173～1262）の滅後、聖人が顕《あきら》かにされた念仏の教えを門弟らが誤って受け止めている事実を歎《なげ》き、弟子唯円《ゆいえん》が書かれたと言われています。この『歎異抄』には、小野蓮明氏が本書でふれられているように「善人なおもて往生をとぐ、いわんや悪人をや」「念仏者は、無碍《むげ》の一道なり」「善悪のふたつ総じてもって存知《ぞんじ》せざるなり」など、各条にキラッと輝く智慧の言葉が綴られています。善悪や優劣など、自分の価値観によって物事を受け止め諍《あらそ》うのは、今も昔も変わらない私たち人間の相《すがた》でしょう。遠く時を隔《へだ》てた言葉ではありますが、混沌《こんとん》とする現代にあって人間が人間として生きていく、人生の歩むべき本当のよりどころを確かめる金言が『歎異抄』の各条に収められています。その各条の要をやさしく、時に深く教義を尋ねる本書をとおして、その金言、願いにふれていただければ幸いです。

東本願寺出版

歎異抄の輝き——唯円が出遇った親鸞

もくじ

凡例

・本文中の真宗聖典とは、東本願寺出版発行の『真宗聖典』を指します。
・『歎異抄』の本文は、『真宗聖典』に依拠しています。ただし「前序」本文は書き下し文にて表記しています。
・編集部により本文中に「※」を付し、各章の末に語註を設けています。

前序　歎異の精神

【本文】

竊《ひそ》かに愚案《ぐあん》を回《めぐ》らして、ほぼ古今《ここん》を勘《かんが》うるに、先師《せんし》の口伝《くでん》の真信《しんしん》に異なることを歎《なげ》き、後学相続《こうがくそうぞく》の疑惑《ぎわく》あることを思うに、幸いに有縁《うえん》の知識《ちしき》に依《よ》らずは、いかでか易行《いぎょう》の一門に入《い》ることを得《え》んや。全《まった》く自見《じけん》の覚悟《かくご》をもって、他《た》力《りき》の宗旨《しゅうし》を乱《みだ》ること莫《なか》れ。よって、故親鸞聖人御物語《こしんらんしょうにんおんものがたり》の趣《おもむき》、耳《みみ》の底《そこ》に留《とど》まるところ、いささかこれを注《しる》す。ひとえに同心行者《どうしんぎょうじゃ》の不審《ふしん》を散《さん》ぜんがためなりと云々《うんぬん》

（真宗聖典626頁）

念仏者の責任

人はなぜ教えを求めなければならないのでしょうか。どのようにして教えに出《で》遇《あ》うのでしょうか。また教えに出遇うことによって、人はどのような生を得るのでしょうか。

『歎異抄《たんにしょう》』は、親鸞聖人《しんらんしょうにん》（1173～1262）の直接の一門弟である唯円《ゆいえん》の筆によるものであるといわれています。その成立は、聖人滅後26年前後ほど経《へ》た頃でしょうか。聖人の教えられた真実信心と異なっている現実を歎《なげ》いて、正しい念仏の信心を明らかにし、共にそれに立って生きようと願い求めた信仰の書です。その具体的な背景には、「異なることを歎《なげ》く」という歎異の精神があります。それは、歎かなければならない「異」の現実をただ批判し排斥《はいせき》するのではありません。その異義の起こってくる根と異義の現実に大きな責任を痛感し、異なる現実を自らに荷負《にな》い、聖人の念仏の信心を明らかにして、それに共に立って生きようと願う精神です。

「歎異」。この一点に、この書の著者である唯円の明確な姿勢があります。しかも「後学相続の疑惑あることを思う」といわれるように、後々の人びとが信心を受けついでゆく時におこる疑いや惑いのすべてをも自らに背負い、払おうとするのです。また、『歎異抄』の末に「閉眼《へいがん》ののちは、さこそしどけなきことどもにてそうらわんずらめと、なげき存《ぞん》じそうらいて」（後序・本書160頁）といわれるように、自分の命終《みょうじゅう》の後までのことをも深く憂《うれ》い、責任を痛感している念仏者の姿、それがこの『歎異抄』の著者、唯円の姿なのです。

念仏に生きる同朋の叫び

しかも『歎異抄』は、「一室の行者のなかに、信心ことなることなからんために、なくなくふでをそめてこれをしるす」（後序・本書162〜163頁）と結ばれているように、唯円の歎異する立場は、けっして著者個人の立場で行うものではありません。「一室の行者」といわれる念仏の共同体に立って、そこに紛起《ふんき》した異義と混乱とを批判して、その原因を徹底的に究明しつつ、信心の純・不純に問題があることを指摘します。そして、純粋な本願念仏《ほんがんねんぶつ》の信心の世界を明らかにし、その回復に身命《しんみょう》を捧げんとするのです。第六条に「専修念仏《せんじゅねんぶつ》のともがら」（本書55頁）といわれていますが、この「専修念仏」は、※法然上人《ほうねんしょうにん》がよく用いられた言葉です。そうすると唯円が身をおく東国の同朋《どうぼう》教団を通して見える遠い地平には、先師法然上人の教えに帰して念仏する人びとをも見据えていたのではないでしょうか。遠く法然上人の専修念仏の教えに生きた人びと、それを継承した親鸞聖人の本願念仏の教えに出遇《であ》った人びと、そういう念仏に生きる同朋を見据えながら「一室の行者」といわれたに違いありません。

歎異する人は、たしかに著者唯円です。しかし、歎異せしめているものは、著者個人ではなく、「一室の行者」という念仏の共同体、念仏の僧伽《さんが》です。念仏の僧伽に立った歎異の叫び、念仏興隆、信心回復の叫びなのです。

名のりのない願い

『歎異抄』の著者を河和田《かわわだ》門徒の唯円大徳であると指摘したのは、江戸時代の学者・妙音院了祥《みょうおんいんりょうしょう》という方です。現在『歎異抄』の真蹟本《しんせきぼん》（著者が書いた真筆）はなく、蓮如上人《れんにょしょうにん》などの書写本がいくつか伝えられていますが、そのどれにも著者の名が記されていません。おそらく著者は自らの名前を名のらなかったのでしょう。自分の名を主張することはなかったけれども、念仏の共同体に起こった異義に対して、痛いほどの責任感をもって、それを引き受け、聖人の念仏の信心の回復に立ち上がったのです。唯円のこの責任感と使命感は、親鸞聖人が真宗開顕《しんしゅうかいけん》の根本聖教《しょうぎょう》である『顕浄土真実教行証文類《けんじょうどしんじつきょうぎょうしょうもんるい》』（『教行信証《きょうぎょうしんしょう》』）を結ぶにあたって、※道《どう》綽禅師《しゃくぜんじ》の『安楽集《あんらくしゅう》』の文を掲げ、「前《さき》に生まれん者は後《のち》を導き、後《のち》に生まれん者《ひと》は前《さき》を訪《とぶら》え、連続無窮《れんぞくむぐう》にして、願わくは休止《くし》せざらしめんと欲《ほっ》す。無辺の生死海《しょうじかい》を尽《つ》くさんがためのゆえなり」（真宗聖典401頁）といわれた、あの仏法弘通《ぐずう》の篤《あつ》い願いの等流《とうる》です。自信教人信《じしんきょうにんしん》の誠《まこと》を尽くし、常行大悲《じょうぎょうだいひ》の誠《まこと》を尽くそうとする真の仏弟子、真の念仏者の願いを、そこに学ぶことができます。

『歎異抄』の構成

ここで『歎異抄』の構成について簡単にふれます。大きく前後半に分けることができるのですが、第一条から第十条までの前半を一般に「師訓《しくん》篇」といい、唯円のいのちとして生き続けた親鸞聖人の言葉が書き記されています。そして、第十一条から第十八条までの後半を「歎異篇」あるいは「異義《いぎ》篇」といいますが、ここに『歎異抄』を撰述せざるを得なかった異義の中身が示されています。東国の門弟たちの間に起こった間違った理解についてです。

このように『歎異抄』は前後二分することができます。それに先立って、今ほど見てきました撰述する理由を述べた序分《じょぶん》・前序《ぜんじょ》が置かれ、結びに長いまとめの文章、これを前序に対して後序《ごじょ》といいます。また、後ほどふれますが、第十条の「そもそもかの御在生《ざいしょう》のむかし」（本書83・89頁）から第十条の終わりまでを後半を引き起こすために置かれた序分・中序《ちゅうじょ》と読むことができます。『歎異抄』は、ほぼこのような構成で成り立っています。

それでは、唯円のいのちとして生き続けた親鸞聖人の言葉が書き記されている「師訓篇」から尋ねていきたいと思います。

※法然上人…日本・平安時代後期から鎌倉時代にかけ活躍した浄土宗の開祖。親鸞聖人の師であり、聖人

は、七高僧の一人として讃えている。
※道綽禅師…中国・北斉から唐の時代にかけ活躍した浄土教の祖師。七高僧の一人。

第一条　本願の仏道

【本文】

一　弥陀《みだ》の誓願不思議《せいがんふしぎ》にたすけられまいらせて、往生をばとぐるなりと信じて念仏もうさんとおもいたつこころのおこるとき、すなわち摂取不捨《せっしゅふしゃ》の利益《りやく》にあずけしめたまうなり。弥陀《みだ》の本願には老少善悪《ろうしょうぜんあく》のひとをえらばれず。ただ信心を要《よう》とすとしるべし。そのゆえは、罪悪深重煩悩熾盛《ざいあくじんじゅうぼんのうしじょう》の衆生《しゅじょう》をたすけんがための願《がん》にてまします。しかれば本願を信ぜんには、他《た》の善も要《よう》にあらず、念仏にまさるべき善なきゆえに。悪をもおそるべからず、弥陀《みだ》の本願をさまたぐるほどの悪なきがゆえにと云々

（真宗聖典626頁）

救いの事実

『歎異抄』第一条の冒頭の文は、浄土真宗の仏道における救済の事実を見事に語っています。第一に「阿弥陀の誓願の不思議なはたらきにたすけられて往生をとげると信知《しんち》する」、第二に「念仏もうさんとおもいたつこころのおこるとき」、第三に「摂取不捨の利益にあずかる」ということ。この三句をもって、親鸞聖人の教え、本願念仏の信の全体を凝集的《ぎょうしゅう》に語っています。第一は、本願の信の自覚内容、第二は、本願の信が衆生に発起《ほっき》するすがた、第三は、本願の信の利益《りやく》を語っています。

阿弥陀とは、無量寿《むりょうじゅ》・無量光《むりょうこう》、限りない慈悲《じひ》と智慧《ちえ》、無量のいのちと無量のひかりを意味します。親鸞聖人の帰依《きえ》された如来は、『教行信証』総序《そうじょ》では、「難思《なんし》の弘誓《ぐぜい》は難度海《なんどかい》を度《ど》する大船《たいせん》、無碍《むげ》の光明《こうみょう》は無明《むみょう》の闇《あん》を破する恵日《えにち》なり」（真宗聖典149頁）と、「難思の弘誓」、「無碍の光明」と表白《ひょうびゃく》されています。「難思の弘誓」、つまり如来の本願は、この生死流転《しょうじるてん》の人生を真実に意味があるものとする大いなるはたらきであり、「無碍の光明」は、闇に譬《たと》えるより他にない無明の人生を破り転ずる光明であるというのです。まさに聖人自らが本願の信に自証《じしょう》された如来の表白が綴られています。

如来、我となる

一方、『歎異抄』では阿弥陀の本願を「弥陀の誓願」といっています。この「弥陀の誓願」とは、「ちかいのようは、無上仏《むじょうぶつ》にならしめんとちかいたまえるなり」（「正像末和讃」真宗聖典511頁）といわれるように、〝すべての衆生を仏の国に生まれさせ、無上仏に成らしめなければ、仏自ら仏としての正覚《しょうがく》（さとり）を取らない〟と誓う仏の根本願を意味します。仏の本願を説く経典、『大無量寿経《だいむりょうじゅきょう》』

（『大経《だいきょう》』）では、本願を発《おこ》し誓う主体は法蔵菩薩《ほうぞうぼさつ》と説かれ、阿弥陀仏はその願を成就した果《か》と教説されています。仏は、法蔵菩薩となって阿弥陀の本願を発し誓われたというのです。それは、何を意味するのでしょうか――。仏が法蔵菩薩となったということは、生死苦悩の衆生《しゅじょう》の場に身を捨て、衆生自体となってくださったということではないでしょうか。私たち衆生の救いは、衆生となってくださった如来のはたらきによるより他はないのです。

かつて※曽我量深《そがりょうじん》師は、「如来我《われ》を救うや」と問い、「如来我となりて我を救い給《たま》う」といわれ、「如来我となるとは法蔵菩薩降誕《ごうたん》のことなり」と喝破《かっぱ》されました。衆生一人ひとりの地底に身を捨てて、私たちの無明を内から破って、仏の世界に喚《よ》び覚《さ》まし、喚び帰そうとするのが本願のはたらきです。衆生となって衆生の一切の責任を荷負って、私たちを仏の世界に生まれさせようとはたらく仏、それが『大経』に説かれる法蔵菩薩の発願《ほつがん》と修行です。

信心と信心に開かれる生

「念仏もうさんとおもいたつこころのおこる」とは、言うまでもなく、私のおこす心ではなく、私に発る法蔵菩薩の願心です。自己の自我心を摧破《ざいは》して、私に発起《ほっき》する本願招喚《しょうかん》の声です。「我が国に生まれんと欲《おも》え」と招喚し、「もし生まれずば正覚を取らじ」と誓う、本願の名号に喚び覚まされた大いなる目覚め、それが信心です。信心は、私が信ずる私の心ではなく、如来の大悲願心《だいひがんしん》に覚醒《かくせい》された大いなる目覚めなのです。聖人は、その信心をより厳密に「もしは因もしは果、一事として阿弥陀如来《あみだにょらい》の清浄願心《しょうじょうがんしん》の回向成就《えこうじょうじゅ》したまえるところにあらざることあることなし。因浄《じょう》なるがゆえに、果また浄なり」（『教行信証』「証巻」真宗聖典284頁）と教えられました。つまり、本願招喚の声に喚び覚まされた心とは、実は、如来の清浄なる願心が私に回向され成就したことであるというのです。それが「念仏もうさんとおもいたつこころのおこるとき」ということなのです。信心と願心は別々のようですが、如来の願心の回向成就が信心であるから、信心と願心の体《たい》は一であると了解されたのが親鸞聖人です。ここに聖人の信仰的自覚の独自性があります。

また、「因浄なるがゆえに、果また浄なり」とあるように、信心は如来の清浄願心の回向成就なのですから、その信心を賜ったということは、同時に如来の清浄なる真実の功徳《くどく》が自証されるのも当然なのです。浄土の功徳によって生かされる生、無上涅槃《むじょうねはん》（この上ないさとり）の功徳を賜って生かされる生、それを『歎異抄』第一条では、「往生をばとぐるなり」といわれたのです。

※曽我量深…1875〜1971。真宗大谷派の学僧。

第二条　真実との出遇い

【本文】

一《二》　おのおの十余《じゅうよ》か国《こく》のさかいをこえて、身命《しんみょう》をかえりみずして、たずねきたらしめたまう御《おん》こころざし、ひとえに往生極楽のみちをといきかんがためなり。しかるに念仏よりほかに往生のみちをも存知《ぞんじ》し、また法文等《ほうもんとう》をもしりたるらんと、こころにくくおぼしめしておわしましてはんべらんは、おおきなるあやまりなり。もししからば、南都北嶺《なんとほくれい》にも、ゆゆしき学生《がくしょう》たちおおく座《おわ》せられてそうろうなれば、かのひとにもあいたてまつりて、往生の要《よう》よくよくきかるべきなり。親鸞《しんらん》におきては、ただ念仏して、弥陀《みだ》にたすけられまいらすべしと、よきひとのおおせをかぶり（蒙）て、信ずるほかに別の子細《しさい》なきなり。念仏は、まことに浄土《じょうど》にうまるるたねにてやはんべるらん、また、地《じ》獄《ごく》におつべき業《ごう》にてやはんべるらん。総《そう》じてもって存知せざるなり。たとい、法然聖人《ほうねんしょうにん》にすかされまいらせて、念仏して地獄《じごく》におちたりとも、さらに後悔《こうかい》すべからずそうろう。そのゆえは、自余《じよ》の行《ぎょう》もはげみて、仏《ぶつ》になるべかりける身《み》が、念仏をもうして、地獄《じごく》にもおちてそうらわばこそ、すかされたてまつりて、という後悔もそうらわめ。いずれの行もおよびがたき身なれば、とても地獄は一定《いちじょう》すみかぞかし。弥陀《みだ》の本願まことにおわしまさば、釈尊の説教、虚言《きょごん》なるべからず。仏説まことにおわしまさば、善導《ぜんどう》の御釈《おんしゃく》、虚《きょ》言《ごん》したまうべからず。善導の御釈まことならば、法然のおおせそらごとならんや。法然のおおせまことならば、親鸞《しんらん》がもうすむね、またもって、むなしかるべからずそうろうか。詮《せん》ずるところ、愚身《ぐしん》の信心におきてはかくのごとし。このうえは、念仏をとりて信じたてまつらんとも、またすてんとも、

面々《めんめん》の御《おん》はからいなりと云々

（真宗聖典626～627頁）

よき人の仰せとの出遇い

親鸞《しんらん》におきては、ただ念仏して、弥陀《みだ》にたすけられまいらすべしと、よきひとのおおせをかぶりて、信ずるほかに別の子細《しさい》なきなり。

これは、関東から親鸞聖人を訪ねて上洛した同朋たちとの問答で、聖人が自らの依って立つ立脚地を表白《ひょうびゃく》された有名な言葉です。

第二条の問答は、聖人晩年にあった善鸞《ぜんらん》事件（ご子息である善鸞を義絶《ぎぜつ》する〈親子の縁を切る〉に至った事件）において、東国教団の異義が頂点に達した頃のことであろうと思われます。いのちがけで上洛《じょうらく》した同朋に対して、「身命《しんみょう》をかえりみずして、たずね」るべき問いは、「ひとえに往生極楽のみちをといきかん」とする、このことの他にないと聖人は言い切ります。「往生極楽のみち」とは、このいのちと人生が光り輝く仏の世界に生まれる道です。愚かな私が、しかし愚かなままに真に充足することのできる人間成就の道です。

聖人は、「親鸞におきては」と実名をあげて、自らの仏道の大地は、「ただ念仏して、弥陀にたすけられまいらすべし」という、よき人・法然上人の「おおせ」であったといいます。人生における最も決定的な出来事は、真理の世界に喚《よ》び覚まし、喚び帰す「真理の一言」との出遇いではないでしょうか。

本願の声に目覚め立つ

聖人は『教行信証』の後序で、法然上人の念仏の教えに出遇った最も深い意味を、「雑行《ぞうぎょう》を棄《す》てて本願に帰す」（真宗聖典399頁）と記しています。「ただ念仏せよ」

と勧める師法然上人の教えの底に、聖人は〝ひとえに本願に帰して生きよ〟という思《おぼ》し召《め》しを聞き、さらに「至心《ししん》に信楽《しんぎょう》して我が国に生まれんと欲《おも》え」という本願招喚の声をはっきりと聞きあてて、それに自覚的に生きる者となったというのです。これを回心《えしん》といいます。

回心とは、「自力《じりき》の心《しん》をひるがえし、すつる」（『唯信鈔文意』真宗聖典552頁）ことであり、自力から他力への依止《えじ》、依りどころの転換です。「念仏に生きよ」と勧める師の発遣《はっけん》の教言《きょうごん》に育てられて、「我が国に生まれんと欲え」という本願招喚の声に自覚的に生きる者となったという身の転換です。

本願とは、生死苦悩に生きる者のすべてを摂取《せっしゅ》して、仏の世界に生まれることがなければ、仏自ら仏とはならないと誓う阿弥陀の誓願のことです。そして苦悩の衆生の大地に身を捨てて、衆生の一切の責任を荷負って仏の世界に生まれさせようと誓う本願の主体、それが法蔵菩薩です。衆生を喚び覚まし、喚び覚ました衆生において、仏自らを成就しようという本願のはたらきをあらわす言葉、それが「南無阿弥陀仏《なむあみだぶつ》」の名号なのです。念仏を「本願の名号」すなわち本願の名のりと尋ねあてたのが親鸞聖人なのです。

信心――自己一人《いちにん》の成就

人間とは、すでにして「我が国に生まれよ」と招喚してやまない、本願の名のりの内に生きるものです。前（25頁）にもふれましたが、本願招喚の声に決定的に喚び覚まされた大いなる目覚めを信心といいます。信心は、私の心ではなく私の上に成就した阿弥陀の願心です。ですから信心は、私を本当に自立させる自覚なのです。聖人は、「たとい、法然聖人《ほうねんしょうにん》にすかされまいらせて、念仏して地獄《じごく》におちたりとも、さらに後悔《こうかい》すべからずそうろう」といって、法然上人という人への依存から離れて、自立した親鸞、本願の正機《しょうき》として親鸞自身が立脚する大地を表白されたのです。

では、どうして念仏して〝地獄におちても後悔しない〟といえたのでしょうか――。その理由を「そのゆえは」と押さえて、聖人は、

自余《じよ》の行《ぎょう》もはげみて、仏《ぶつ》になるべかりける身《み》が、念仏をもうして、地獄にもおちてそうらわばこそ、すかされたてまつりて、という後悔もそうらわめ。いずれの行《ぎょう》もおよびがたき身なれば、とても地獄は一定《いちじょう》すみかぞかし。


というのです。「いずれの行もおよびがたき身」という「身」の事実に目覚め立つならば、地獄こそわが住み処《か》であると。信心とは、地獄の現実に本願招喚の声を感得《かんとく》し、本願に支えられて、この現実を生きる「一人《いちにん》」の獲得なのです。

第二条の対話は、聖人の回心の再確認であると同時に、同朋たちに「面々《めんめん》の御《おん》

はからいなり」といって、一人の大地に〝今こそ目覚め立って生きよ〟と喚びかけているのです。

第三条　親鸞の人間観

【本文】

一《三》　善人《ぜんにん》なおもて往生をとぐ、いわんや悪人《あくにん》をや。しかるを、世のひとつねにいわく、悪人なお往生す、いかにいわんや善人をや。この条《じょう》、一旦《いったん》そのいわれあるににたれども、本願他力の意趣《いしゅ》にそむけり。そのゆえは、自力作《じりきさ》善《ぜん》のひとは、ひとえに他力をたのむこころかけたるあいだ、弥陀《みだ》の本願にあらず。しかれども、自力のこころをひるがえして、他力をたのみたてまつれば、真実報土《しんじつほうど》の往生をとぐるなり。煩悩具足《ぼんのうぐそく》のわれらは、いずれの行にても、生死《しょうじ》をはなるることあるべからざるをあわれみたまいて、願《がん》をおこしたまう本意《ほんい》、悪人成仏《あくにんじょうぶつ》のためなれば、他力をたのみたてまつる悪人、もっとも往生の正因《しょういん》なり。よって善人だにこそ往生すれ、まして悪人はと、おおせそうらいき。

（真宗聖典627～628頁）

いわんや悪人をや

第三条で親鸞聖人は〝善人でさえ、阿弥陀の浄土に生まれる、まして悪人は、いうまでもない〟といわれています。ところが世間の人は〝悪人でも浄土に生まれる、だから善人が生まれるのは、言うまでもない〟と。一見すると、聖人の教えは、世間の常識からすれば逆説ともいえるのでしょう。しかし聖人は、「いわんや悪人をや」と力を込めて言い切ります。それは、深い信念に立った正説なのです。

『歎異抄』でいう善人・悪人とは、世間でいう善い人・悪い人という意味ではありません。ここでいう「善人」とは「自力作善《じりきさぜん》のひと」、すなわち自らの力をたのみとして、さとりをひらくための善行《ぜんぎょう》を修める人のことです。また「悪人」とは、仏となるためのどのような善行もなし得ないという、自らの身の事実に目覚めた自覚者のことです。したがって善人と悪人の二種類があるように対比されていますが、よく読むと善と悪の相対する表現も、実は私たち人間の真実の相《すがた》を教えようとする深い配慮があることが知られます。どのような人でも人間であることの現実の相は、「罪悪深重煩悩熾盛の衆生《ざいあくじんじゅうぼんのうしじょうしゅじょう》」（第一条）という悪人より他にないという事実に目覚めさせるのです。

すでに第二条で、「自余《じよ》の行《ぎょう》（念仏以外の修行）もはげみて、仏になるべかりける身が」「いずれの行もおよびがたき身なれば、とても地獄《じごく》は一定《いちじょう》すみかぞかし」といわれていました。そうすると、善人とは、自己の身に無自覚な人であり、悪人とは、自己の存在に深く目覚めた自覚者なのです。

本願を発《おこ》された本意

「自力作善のひと」は、自分の力を信じて善行を積み、それをもってさとりをひらこうとする人ですから、他力をたのむ心が欠けていて、「弥陀の本願にあらざる人です。けれども、自力をたのみとする心をひるがえして、本願他力に目覚めるならば、真実の報土《ほうど》に生まれ、仏の真実に生きる者となるのです。なぜなら阿弥陀の本願は、念仏以外のどのような行をもってしても、この生死《しょうじ》の迷いを離れることのできない煩悩具足《ぼんのうぐそく》の私たちをことにあわれにおもわれて、発してくださった誓願だからです。

仏が本願を誓い発された本意は、「悪人こそ仏となる」ということですから、本願他力に目覚める悪人こそ、まさに浄土に生まれるべき因位《いんに》の人なのです。従来、第三条が「悪人成仏」あるいは、「悪人正機《しょうき》」を説くといわれる理由はここにあります。

「唯除《ゆいじょ》」――大悲摂取の叫び

人が自己の根源悪に目覚め、自力無効と知るのは、すでに阿弥陀の本願のはたらきによるのです。仏の根本願である第十八願には、あらゆる衆生を仏の国に生まれさせたいと喚《よ》び、もし生まれなければ仏自ら正覚を取らないと誓いながら、〝ただ※五逆《ごぎゃく》の罪人と正法《しょうぼう》を誹謗《ひほう》（疑いそしる）する者は除く（唯除五逆誹謗正法《ゆいじょごぎゃくひほうしょうぼう》）〟と説かれています。五逆と誹謗の者は、阿弥陀の本願からも、本願の成就の教説においても、「ただ除く（唯除）」といわれているのです。このことを、どのように理解すればよいのでしょうか。

すでに古くは※曇鸞《どんらん》大師・※善導《ぜんどう》大師がこのことを問うておられます。聖人は、この両祖師の理解に導かれながら、画期的な意義を尋ねあてられました。

唯除というは、ただのぞくということばなり。五逆のつみびとをきらい、誹《ひ》謗《ほう》のおもきとがをしらせんとなり。このふたつのつみのおもきことをしめして、十方一切の衆生みなもれず往生すべし、としらせんとなり。

（『尊号真像銘文』真宗聖典513頁）

「唯除」とは、たしかに「ただ除く」という意味です。しかしそれは、単純な除外ではなく、五逆・誹謗の罪の重さを知らしめて、「十方一切の衆生みなもれず往生すべし」と知らしめるのです。罪の重さを知らしめて、みなもれず摂取するという、如来の最も具体的な大悲のはたらきを知らしめる、大悲の一言です。

第三条は、本願の信において証知された、親鸞聖人の見事な人間了解が示されているのです。

※五逆…五つ重罪。①父を殺すこと。②母を殺すこと。③阿羅漢《あらかん》(さとりを得た者)を殺すこと。④和合《わごう》僧《そう》(教団)を破ること。⑤仏身から血を出すこと。

※曇鸞大師…中国・北魏時代に活躍した浄土教の祖師。七高僧の一人。

※善導大師…中国・唐代に活躍した浄土教の祖師。七高僧の一人。

第四条　浄土の慈悲

【本文】

一[四]　慈悲《じひ》に聖道《しょうどう》・浄土《じょうど》のかわりめあり。聖道の慈悲というは、ものをあわれみ、かなしみ、はぐくむなり。しかれども、おもうがごとくたすけとぐること、きわめてありがたし。浄土《じょうど》の慈悲《じひ》というは、念仏して、いそぎ仏になりて、大慈大悲心をもって、おもうがごとく衆生を利益《りやく》するをいうべきなり。今生《こんじょう》に、いかに、いとおし不便《ふびん》とおもうとも、存知《ぞんじ》のごとくたすけがたければ、この慈悲《じひ》始終なし。しかれば、念仏もうすのみぞ、すえとおりたる大慈悲心にてそうろうべきと云々

（真宗聖典628頁）

自力の慈悲の限界

仏教は慈悲の宗教です。慈悲とは、真実の愛というべきでしょうか。親鸞聖人は、慈悲に聖道（自力）の慈悲と浄土（他力・仏力）の慈悲の違いがあるといわれています。いや、違いというより、自力をもとになされる慈悲は、自《おの》ずから仏の慈悲に転じていかなければならないということでしょう。仏教でいう慈悲は、単に人を愛し、ものを愛するということではありません。自分以外の一切のものを先に救《たす》けて自分の救いを一番後にする、それが真実の慈悲です。釈尊《しゃくそん》の本生譚《ほんじょうたん》（仏の前生物語）に、虎におそわれた人を救うために、餓《う》えた虎に自分の身を投げた話があります。まさに捨身《しゃしん》の布施《ふせ》です。

聖人は、「正像末和讃《しょうぞうまつわさん》」で「自力聖道《じりきしょうどう》の菩提心《ぼだいしん》　こころもことばもおよばれず常没流転《じょうもつるてん》の凡愚《ぼんぐ》は　いかでか発起《ほっき》せしむべき」（真宗聖典501～502頁）といいます。

「自力聖道の菩提心」とは、一切の人びとを先に浄土へ渡《わた》す心といえるでしょうか。その心をこの愚かな私がどうして発《おこ》すことができようか、とてもできない、と詠《うた》われているのです。

また『歎異抄』では、「今生に、いかに、いとおし不便とおもうとも、存知のごとくたすけがたければ、この慈悲始終なし」と言い切っています。この言葉の背景には、聖人42歳、越後より関東に移った頃、さぬき（佐貫）の地で衆生利益のために三部経千部読誦《どくじゅ》を発願し、やがて中止された行為や、あるいは晩年に起こったわが子・善鸞の痛ましい事件などがあるのではないでしょうか。この世で、どれほど痛ましい、気の毒であると思っても、意のままに救うことはできない。自分の力でなす人間の愛は、とても首尾一貫しない、と断言されています。

無縁の慈悲・同体の大悲

まことに「この慈悲始終なし」という、人間の慈悲の限界を知った時、

浄土《じょうど》の慈悲《じひ》というは、念仏して、いそぎ仏になりて、大慈大悲心をもって、おもうがごとく衆生を利益するをいうべきなり。

とあるように、その身の底にはたらく、浄土の慈悲、仏の大慈悲心を知ることになります。「仏心というは大慈悲《だいじひ》これなり。無縁の慈《じ》をもってもろもろの衆生《しゅじょう》を摂《せっ》す」（真宗聖典106頁）と、『観無量寿経《かんむりょうじゅきょう》』（『観経』）は教えています。無縁とは、縁が無いと書きますが、人間の考えられるような縁を超えて、あらゆる衆生に絶対平等にはたらく、仏の大慈悲を意味します。

また『観経』に「一一の光明遍《あまね》く十方世界を照らす。念仏の衆生《しゅじょう》を摂取《せっしゅ》して捨《す》てたまわず」（真宗聖典105頁）と説かれるように、阿弥陀の慈悲は、あらゆる衆生を「摂取して捨てない」はたらきです。また、「浄土和讃《じょうどわさん》」に「十方微塵《じっぽうみじん》世界の念仏の衆生をみそなわし　摂取《せっしゅ》してすてざれば　阿弥陀《あみだ》となづけたてまつる」（真宗聖典486頁）とありますが、聖人は「摂取」の「摂」の字に「もののにぐるを追わえ取るなり」という意味を見出しておられます。如来にそむき、逃げるわれらを追いかけ摂《おさ》め取る。すべての衆生を自己となし、衆生の上に自己を見ようとするはたらきです。われらの人生に同感し、同体して、ひたすら目覚めを待つ仏、それを法蔵菩薩といいます。

『歎異抄』の「念仏して、いそぎ仏になりて」というのは、われらに同体してはたらく仏の大悲に「いま」目覚めよという促《うなが》しです。明日ではなく、遠い将来でもなく、一人ひとりのいのちの大地にはたらく阿弥陀の因位・法蔵菩薩の大悲願心に「いそぎ、いま」目覚めよというのです。

いそぎ仏になりて

そうすると、慈悲とは、確かに人びとを先に救おうとする心ですが、しかし人びとを救う心は、救われた人の心でなければなりません。人びとを救う心は、すなわち仏の心でなければならない。だから聖人は、何よりもまず「念仏して、いそぎ仏になりて、大慈大悲心をもって、おもうがごとく衆生を利益」するものとなれと浄土の慈悲を勧めるのです。

「高僧和讃《こうそうわさん》」では、「願作仏《がんさぶつ》の心《しん》はこれ　度衆生《どしゅじょう》のこころなり　度衆生の心《しん》はこれ　利他真実の信心なり」（真宗聖典491頁）といい、また「願土にいたればすみやかに　無上涅槃《ねはん》を証してぞ　すなわち大悲をおこすなり　これを回向《えこう》となづけたり」（同前）と詠われています。自らが仏となろうとする心（願作仏の心）、仏の大悲願心に目覚め立って生きる者となること、これがそのまま人びとを救う心（度衆生の心）としてはたらくということを示してくださっています。

われわれにとって最も大切なことは、何よりもまず自らが念仏する者となる、仏の大悲願心にいま喚《よ》び覚まされて生きる者となる、このことの他にはありません。

第五条　親鸞の父母観

【本文】

一 五 親鸞《しんらん》は父母《ぶも》の孝養《きょうよう》のためとて、一返《いっぺん》にても念仏もうしたること、いまだそうらわず。そのゆえは、一切の有情《うじょう》は、みなもって世々生々《せせしょうじょう》の父母《ぶも》兄弟なり。いずれもいずれも、この順次生《じゅんじしょう》に仏《ぶつ》になりて、たすけそうろうべきなり。わがちからにてはげむ善にてもそうらわばこそ、念仏を回向《えこう》して、父母《ぶも》をもたすけそうらわめ。ただ自力《じりき》をすてて、いそぎ浄土のさとりをひらきなば、六道四生《ろくどうししょう》のあいだ、いずれの業苦《ごうく》にしずめりとも、神通方便《じんずうほうべん》をもって、まず有縁《うえん》を度《ど》すべきなりと云々

（真宗聖典628頁）

ただ自力をすてて

「念仏もうすのみぞ、すえとおりたる大慈悲心にてそうろう」と、第四条が結ばれていました。念仏申すことが、最もすぐれた慈悲であるならば、父母の供養になるのではないかと考えて、「父母《ぶも》の孝養《きょうよう》のため」の念仏が行われたのでしょう。孝養とは、もとは親に対する孝行《こうこう》の意味ですが、ここでは追善供養《ついぜんくよう》の意味です。つまり、親鸞聖人は〝私は、父母の追善供養として、まだ一度も念仏を称えたことはない〟といっているのです。

追善とは、自分のなした善根《ぜんごん》をもって他を救うという自力のはからいです。そのため聖人は、自分の力で救《たす》けようとする念仏は、まことの念仏ではないといわれます。念仏が、もし自分の力でなす善行《ぜんぎょう》であるならば、供養のために念仏を手《た》向《む》けて父母を救うこともできるのでしょうが、念仏は「ひとえに他力にして」といわれるように、阿弥陀の「本願の行」、つまり本願のはたらきなのです。だから聖人は、「ただ自力をすてて」といって、「わがみをたのみ、わがこころをたのむ、わがちからをはげみ、わがさまざまの善根《ぜんごん》をたのむ」（『一念多念文意』真宗聖典541頁）心をすてよといって〝本願の招喚の声に帰して生きよ〟と勧めるのです。

一切の有情は父母兄弟

父母の追善供養として念仏を申すことがないという理由として、聖人は「一切の有情は、みなもって世々生々の父母兄弟なり」といいます。通俗的に、先祖の霊をなぐさめることが宗教であると考えて、念仏を自分の父母の追善供養の行と解釈したことがあったのでしょう。しかし聖人は、生あるものはすべて、根源なるいのちを共同し、共有して生きているのであって、みな父母兄弟であるといいます。なんと広やかな生命観、歴史観であるのでしょうか――。いのちの歴史の根源に目覚め立った人の叫びが、そこにあります。

大谷大学の学祖・※清沢満之《きよざわまんし》師は、「万物一体の真理」を教えました。「万物一体の真理は、吾人《ごじん》が之《これ》を覚知《かくち》せざる間も、常に吾人の上に活動しつつあるなり」（『清沢満之全集』第六巻11頁）といって、空気や日光、山川や草木、鳥獣や他人は、けっしてわれらの生と別離する外物ではない、と述べられたのです。空気や日光はいうまでもなく、山川草木や鳥獣がなければ、食物や住居や衣服はない。また、精神の世界においても、私たちの知識や思想は、無数の人びとを通して学び得たものです。まさに万物は、この私の生において常に活動し続けているのです。

また、人びとは、「さるべき業縁《ごうえん》のもよおせば、いかなるふるまいもすべし」（第十三条・本書113頁）といわれるように、ともに業縁を生きるものとして私たちは、ただ同じです。業を共にする存在なのです。聖人は、その共業《ぐうごう》の自覚に立って「われら」と呼びあう、存在の地平を開かれたのです。

一切の上に自己を見る

すべて生あるものは父母兄弟であるということは、あらゆるものを自分と区別して、他と見るのではなく、むしろすべての一々の生の上に自己を見るということではないでしょうか。人間は、つねに自分と他を区別し、他を眺める立場に立ちます。しかし聖人は、そういう自己中心的なエゴイズムを離れて、一切の有情の上に自分自身を見るのです。それが生の共同であり生の共有です。「われら」と呼びあう存在の地平は、そのような生の共同に開かれるのです。

このように一切の上に自己を見る眼《まなこ》、それが信心です。如来の智慧に開かれた透明な眼です。聖人は、「高僧和讃」で「釈迦弥陀《しゃかみだ》は慈悲《じひ》の父母《ぶも》　種種に善巧方《ぜんぎょうほう》便《べん》し　われらが無上の信心を　発起《ほっき》せしめたまいけり」（真宗聖典496頁）といわれています。われらの無上の信心、まことの目覚めを開いてくださる親は、釈迦と弥陀であると。亡き父母を憶《おも》うことを縁として、信心を開く真実の親、釈迦と弥陀の発遣と招喚の声に出遇うのです。『教行信証』では、「南無阿弥陀仏」の名号を「徳号の慈父《じぶ》」（「行巻」真宗聖典190頁）といい、阿弥陀の智慧を「光明の悲母《ひも》」（同前）といって、念仏を父、智慧を母になぞらえています。

念仏は、私たちが亡き父母に手向けるものではなく、この私の「無上の信心」を育《はぐく》み、阿弥陀のいのちに自覚的に帰して生きる一人《いちにん》を生む、大悲の親なのです。

※清沢満之…1863〜1903。真宗大谷派の学僧で、大谷大学の前身である真宗大学の初代学監（学長）。

第六条　とも同朋の精神

【本文】

一[六]　専修念仏《せんじゅねんぶつ》のともがらの、わが弟子ひとの弟子、という相論《そうろん》のそうろうらんこと、もってのほかの子細なり。親鸞《しんらん》は弟子一人《いちにん》ももたずそうろう。そのゆえは、わがはからいにて、ひとに念仏をもうさせそうらわばこそ、弟子にてもそうらわめ。ひとえに弥陀《みだ》の御もよおしにあずかって、念仏もうしそうろうひとを、わが弟子ともうすこと、きわめたる荒涼《こうりょう》のことなり。つくべき縁《えん》あればともない、はなるべき縁あれば、はなるることのあるをも、師をそむきて、ひとにつれて念仏すれば、往生すべからざるものなりなんどいうこと、不可説《ふかせつ》なり。如来《にょらい》よりたまわりたる信心を、わがものがおに、とりかえさんともうすにや。かえすがえすもあるべからざることなり。自然《じねん》のことわりにあいかなわば、仏恩をもしり、また師の恩をもしるべきなりと云々

（真宗聖典628〜629頁）

キラッと輝く言葉

『歎異抄』には、どの条にもキラッと輝く智慧の言葉があります。第六条では、唯円は「親鸞《しんらん》は弟子一人《いちにん》ももたず」という金言を伝えています。いつの時代にも、人を支配し、支配されるという人間関係があり、私たちは支配する側に立ちたいという欲望をもちます。そんな我が身のあり方を「是非しらず邪正《じゃしょう》もわかぬこのみなり　小慈小悲もなけれども　名利《みょうり》に人師《にんし》をこのむなり」（「正像末和讃」真宗聖典511頁）と、聖人は懺悔《さんげ》しています。今日一日を汗と泥にまみれて生きる念仏者たちにとって、生きる力と勇気を与えてくれた聖人は、まさに尊敬すべき偉

大な師であったに違いありません。しかし聖人は、けっして自らを師の立場に置くことはなく、その人びとを「わが弟子」と呼ぶことはなかったといい切ります。

親鸞聖人は、もし自分の力量で人に念仏を称えさせたのであれば、弟子ともいえようが、ひとえに阿弥陀の本願に喚《よ》び覚まされて念仏申している人を、自分の弟子であるというのは、全く言語道断であるというのです。ということは、聖人は生涯「よき人の仰せ」を、ひたすら聞き学ぶ者であり続けたということです。

みな如来の御弟子

聖人は、自らの仏道の歩みにおいて決定的な意味をもつ法然上人を、つねに「よき人」と仰ぎ、「本師」と尊敬されましたが、念仏の人びとを「わが弟子」と所有することはなかったのです。むしろ本願念仏の教えに生きる人びとを「ひとえに弥陀《みだ》の御もよおしにあずかって、念仏もうしそうろうひと」と仰いで、深い尊敬の念をもって、「みな如来《にょらい》の御弟子《おんでし》なれば、みなともに同行《どうぎょう》なり」（『口伝鈔』真宗聖典655頁）といって、かぎりない信頼と敬愛の念をよせ続けたのです。

では、念仏の教えに生き聖人が信頼をよせた人とは、どのような人であったのでしょうか。それは「うみかわに、あみをひき、つりをして、世をわたるものも、野やまに、ししをかり、とりをとりて、いのちをつぐともがらも、あきないをもし、田畠《でんぱく》をつくりてすぐるひとも、ただおなじことなり」（本書113頁）と第十三条にいわれるように、汗と泥にまみれて生きている生活者です。「さるべき業縁《ごうえん》のもよおせば、いかなるふるまいもすべし」（同前）といわれる業縁を生きるもの、これこそ「われら」人間の現実の相《すがた》です。

業縁なる存在とは、人間の業が感応する人間存在の実相の自覚です。したがって聖人は、「いなかのひとびと」を見て「われら」と呼びかけたというよりも、

「いなかのひとびと」とのまじわりにおいて、「さるべき業縁のもよおせば、いかなるふるまいもすべし」といわれる、凡夫の身の事実を発見し、その自覚を通して群萌《ぐんもう》(生きとし生けるもの)としての人間存在の実相を見出された。「われら」と呼びあう地平を見開いたのです。そして、そのような身の自覚を通して、「われら」群萌にかけられた本願招喚の声をはっきりと聞きあてられたのです。

十方の衆生を我が国に生まれさせたいと喚び、生まれなければ、仏自ら正覚を取らないと誓う、仏の大悲願心に目覚め立たれた聖人は、人びとと共に仏の本願の心に自覚的に生きようとつねに念仏を勧め、本願を語り続けたのです。

自身の一宗に目覚めよ

聖人が東国の地に立って情熱をかけてなされた「いなかのひとびと」への教化、「十方《じっぽう》の有縁《うえん》にきかしめん」(『浄土和讃』真宗聖典483頁)という実践は、あの

※承元《じょうげん》の法難《ほうなん》で解体された法然上人の吉水の念仏教団、念仏の僧伽《さんが》の再興《さいこう》を願った仏弟子親鸞の実践であったといえます。信仰共同体の中におこったわが弟子ひとの弟子、という相論の時、聖人が「親鸞は弟子一人ももたず」と言い放ったのは、人間存在とは、基本的に自立し自尊なるものであって、〃いまこそ、それぞれ自身の一宗（真宗）に目覚め立って生きよ〃という聖人のわれらへの強い励ましです。

親鸞聖人は、いかなる人も、念仏の教えに帰するならば、「みな如来の御弟子」であり、「みなともに同行」であると頷きあう世界を明らかにされたのです。それが念仏の信心に開かれる世界です。共に聞き、共に信じ、共に生きるという親鸞聖人の同朋精神は、日本の精神史において、否、世界の精神史において、まさに画期的な意味をもつ思想であるといえるのです。

※承元の法難……1207（承元元）年に起こった専修念仏への弾圧。法然の門弟4人が死罪とされ、法然及び親鸞ら門弟7人が流罪《るざい》となった。

第七条　さわりなき一道

【本文】

七
一　念仏者は、無碍《むげ》の一道なり。そのいわれいかんとならば、信心の行者には、天神地祇《てんじんじぎ》も敬伏《きょうぶく》し、魔界外道《まかいげどう》も障碍《しょうげ》することなし。罪悪も業報を感ずることあたわず、諸善もおよぶことなきゆえに、無碍《むげ》の一道なりと云々

（真宗聖典629頁）

非人間化の現代

〝念仏は、何ものにも碍《さまた》げられない、ただ一筋の道である〟。親鸞聖人が90年の生涯を通して得た、最も自信にあふれた言葉です。

人生にはさまざまな碍げが満ちています。生にとっての最大の碍げは、生の否定としての死です。人間には、どこまでも生きたいという本能ともいうべき強い欲求があります。その欲求を満足させるためには、手段を選ばない。そこに、さまざまな迷信や呪術的宗教のおこる温床《おんしょう》があります。自分の力で解決できないことを人間を超えた力で解決できると期待し、そのはたらきで安心を得ようとする、ここに祈願の宗教が生まれます。吉凶《きっきょう》、禍福《かふく》の罪福《ざいふく》信仰が生まれるのです。

聖人は「正像末和讃」（愚禿悲歎述懐）で、「かなしきかなや道俗の　良時吉日《きちにち》えらばしめ　天神地祇《てんじんじぎ》をあがめつつ　卜占祭祀《ぼくせんさいし》つとめとす」（真宗聖典509頁）と詠われています。

聖人は、良時吉日をえらび、天の神・地の神をたのみ、卜占と祭祀にあけくれている当時の状況を、強く厳しく悲歎されました。この状況は、現代においても全く異なることはないでしょう。むしろいっそう自分の都合にあった善をたのみ、悪をおそれるという罪福信仰が氾濫《はんらん》しているようです。人間が人間らしく生きることができないという非人間化の問題が、今日の最大の問題ではないでしょうか。

真実の宗教とは

人間が人間であることを明らかにする、この問題は一向に解決されていません。ある宗教学者は、「宗教とは、人間生活の究極的意味を明らかにし、人間の問題を根本的に解決する生の営《いとな》みである」と、宗教の根本は、人間であることの根本義を明らかにすることにあるといいました。第七条で示される、天神《てんじん》・地祇《じぎ》、魔界《まかい》・外道《げどう》、罪悪・諸善というのは、人間が人間らしく生きていけない人生の諸問題を尽くしているのではないでしょうか。しかもその人生は、死と深いかかわりをもっています。

仏教では、人生をただ生のみで捉《とら》えないで、死と一体のものとして理解し「生《しょう》死《じ》」と捉え、仏道との出遇いを「生死の一大事」や「生死を超える道」と表現します。ここでは「念仏者は、無碍の一道なり」と表現され、念仏は生死に無碍の道である、ということを示してくださっています。

聖人の生涯で決定的な意味をもつ出来事は、「ただ念仏して、弥陀にたすけられまいらすべし」と語り続ける「よきひとの仰せ」、すなわち法然上人の教言に出遇ったことです。天神・地祇にも祈らずにおれないような厳しい人生に身を置きながら、しかし、そのような祈禱《きとう》にとらわれない道はないのかと、求め続けた親鸞聖人が、法然上人との出遇いを通して、「ただ念仏のみぞまことにておわします」と言い切ることができるようになったのです。ひとたび念仏の教えに出遇ってみると、悪魔や外道をおそれる必要のない道が明らかになり、善をたのみ、悪をおそれるといった罪福信を克服することができたというのです。

人生の再認識

「ただ念仏」の教えに出遇うことによって、碍《さわ》りのない一道が開けたというのは、単純に人生の問題はなくなったということではありません。教えに出遇ったということは、人生の問題に真正面から立ち向かい、それを荷負って戦っていくことのできる人間になったということです。何かに妥協《だきょう》するとか、誘惑されることなく、人生の問題をわが身の問題として引き受けて苦しみ戦っていける人間になるということです。

では、どうしてそのような力が開かれてくるのでしょうか。それは、念仏は如来の本願のはたらきであり本願の行であるからです。本願とは〝十方の衆生を仏の国に生まれさせなければ、仏としての正覚《しょうがく》を取らない〟と誓う阿弥陀の誓願です。われら衆生の一切の責任を引き受けて、仏の世界に生まれさせたいという本願の喚《よ》び声、本願の名のり、それが念仏であるからです。

「ただ念仏」の一道に立つとは、弥陀の本願に自覚的に目覚め立つことです。本願が人生のただ中にあらわれた事実を念仏といい、「南無阿弥陀仏」というのです。念仏の一道に目覚め立つ時、「天神地祇も敬伏し、魔界外道も障碍することなし。罪悪も業報を感ずることあたわず」といわれるのです。本願の念仏に生きる信心において、この人生が、如来の尽十方無碍光《じんじっぽうむげこう》のうちに見出され、全く新しいものとして再認識されるのです。その大いなる生の再認識を「無碍の一道なり」といわれたのです。

第八条　大行としての念仏

【本文】

一　八　念仏は行者《ぎょうじゃ》のために、非行非善《ひぎょうひぜん》なり。わがはからいにて行ずるにあらざれば、非行という。わがはからいにてつくる善にもあらざれば、非善という。ひとえに他力にして、自力をはなれたるゆえに、行者のためには非行非善なりと云々

（真宗聖典629頁）

はからいを破るもの

「念仏は行者のために、非行非善なり」。この一言は、親鸞聖人が、法然上人の念仏の教えに出遇って以来、全生命をかけて聞きとった言葉です。〝念仏は、念

仏を称《とな》えるこの親鸞にとっては、行でもなく、善でもない〟ということは、念仏は、親鸞聖人の「はからい」を大きく超えた、如来のはたらきであって、「ひとえに他力」であるということを示しています。

「はからい」とは、人間の思慮《しりょ》や分別《ふんべつ》のことです。われわれの日々の生活は、自らのはからいを主張し、それに生きようとします。そこに他の人のはからいと衝突し、対立し、傷つきあう現実が生じます。

聖人は、比叡山での20年の修道の生活を棄《す》てて、法然上人の念仏の教えに帰依された事実を、『教行信証』の後序で「雑行《ぞうぎょう》を棄《す》てて本願に帰す」（真宗聖典399頁）と表白《ひょうびゃく》されました。雑行とは、人間のはからいです。自力の行や凡夫のはからいをどれほど重ねても、所詮、はからいの世界です。聖人は、師法然上人との出遇いを通して、いま、はからいを破って阿弥陀の本願に帰して生きる者となったというのです。

称名は「大行」なり

法然上人は、『選択本願念仏集《せんじゃくほんがんねんぶつしゅう》』（『選択集』）で、称名念仏がなぜ正定《しょうじょう》の業《ごう》（正しく往生が定まる行い）なのかを問うて、「称名念仏は、これかの仏の本願の行なり。かるがゆえに、これを修する者は、かの仏願に乗じて、必ず往生を得るなり」（『真宗聖教全書』一・935〜936頁）と教えています。この了解を踏まえて、聖人は、称名念仏の意義を「大行《だいぎょう》」と捉え、次のようにいいます。

大行《だいぎょう》とは、すなわち無碍光《むげこう》如来の名《みな》を称するなり。この行《ぎょう》は、すなわちこれもろもろの善法を摂《せっ》し、もろもろの徳本を具せり。極速円満《ごくそくえんまん》す、真如《しんにょ》一実の功徳宝海なり。かるがゆえに大行《だいぎょう》と名づく。しかるにこの行は、大悲《だいひ》の願《がん》より出《い》でたり。

（『教行信証』「行巻」真宗聖典157頁）

念仏とは、もちろん「南無阿弥陀仏と称する」ことですが、聖人は、そういわないで、称名を「大行」と捉らえ、「無碍光如来の名を称するなり」と了解されました。それは、「南無阿弥陀仏」とただ音を発するのではなく、また呪術的な意味があるのではないことを伝えるために、南無阿弥陀仏の名義、すなわち如来の名の義に帰して「無碍光如来の名を称するなり」といわれたのです。如来の願心がはたらいている名、如来の願心の躍動《やくどう》に目覚め立つという、名号のもつ自覚性を明瞭にされた了解です。つまり大行とは、如来なるものが現れた大いなる行(現行《げんぎょう》)であり如来の現前《げんぜん》を意味します。大信とは、その如来なるもの、大いなるはたらきへの覚醒、目覚めです。

念仏は如来の願心の現行ですから、「もろもろの善法を摂し、もろもろの徳本を具せり」といわれるのです。では善法・徳本とは何でしょうか。それは、法蔵菩薩の※五念門《ごねんもん》の行と五功徳門《ごくどくもん》たる功徳を指すのでしょう。つまり、法蔵菩薩の兆載永劫《ちょうさいようごう》の修行と、それによるあらゆる功徳が名号に具《そな》わっているということです。この言葉は、本願の名号に帰命する信の根源にはたらく法蔵の願行《がんぎょう》の感得を言い当てたものなのです。

称名に自証される功徳

さらに聖人は、称名念仏が「大行」である決定的な理由を、「極速円満す、真如一実の功徳宝海なり」といわれました。ここは重要なところです。称名の功徳を語るこの一文は、おそらく世親菩薩の如来の※不虚作住持功徳《ふこさじゅうじくどく》を語る教言によられたものでしょう。それは、

仏《ぶつ》の本願力《ほんがんりき》を観ずるに、遇《もう》うて空《むな》しく過ぐる者なし、能《よ》く速やかに功徳《くどく》の大宝海を満足せしむ。

（『浄土論』真宗聖典137頁）

という有名な教説です。

親鸞聖人は「念仏もうさんとおもいたつこころのおこる」その「とき」に、われらの虚妄《こもう》分別を破って、われらの身に現前し名のり出るものを、はっきりと自証し確かめられたからこそ、「極速円満す、真如一実の功徳宝海なり」と断言されたのです。聖人は、世親菩薩のこの文を了解して「よく本願力を信楽《しんぎょう》する人は、すみやかにとく功徳《くどく》の大宝海を信ずる人の、そのみに満足せしむるなり」(『尊号真像銘文』真宗聖典519頁)と述べています。真如一実の功徳とは、無上涅槃の功徳です。そうすると「無碍光如来の名を称する」という称名に自証されるもの、それは如来の無上涅槃の功徳であり、浄土の功徳なのです。

念仏は「本願の名号」なのですから、名号に帰した人は直ちに如来の功徳のはたらく世界のうちに自己を見出すのです。念仏は、無明海のわれらを転じて大般《だいはつ》涅槃無上道《ねはんむじょうどう》(この上ないさとりに向かう大いなる道)に立たしめる如来の法、教えです。ですから聖人は、念仏を「ひとえに他力」と解し、如来の大いなるはたらきとして「大行」と顕揚《けんよう》されたのです。

※五念門・五功徳門…阿弥陀仏の浄土に生まれるための5つのおこないを五念門（礼拝門《らいはいもん》・讃歎門《さんだんもん》・作願門《さがんもん》・観察門《かんざつもん》・回向門《えこうもん》）といい、その結果として得られる徳を五功徳門（近門《ごんもん》・大会衆門《だいえしゅもん》・宅門《たくもん》・屋門《おくもん》・園林遊戯地門《おんりんゆげじもん》）という。

※不虚作住持功徳…天親菩薩の『浄土論』に説かれる仏の功徳を荘厳する8種の一つ。「観仏本願力《かんぶつほんがんりき》　遇無空過者《ぐむくかしゃ》　能令速満足《のうりょうそくまんぞく》　功徳大宝海《くどくだいほうかい》（仏の本願力を観ずるに、遇うて空しく過ぐる者なし、能く速やかに功徳の大法海を満足せしむ。）」の一句。

第九条　往生一定の身の発見

【本文】

一[九]「念仏もうしそうらえども、踊躍歓喜《ゆやくかんぎ》のこころおろそかにそうろうこと、またいそぎ浄土《じょうど》へまいりたきこころのそうらわぬは、いかにとそうろうべきことにてそうろうやらん」と、もうしいれてそうらいしかば、「親鸞《しんらん》もこの不審《ふしん》ありつるに、唯円房《ゆいえんぼう》おなじこころにてありけり。よくよく案じみれば、天におどり地におどるほどによろこぶべきことを、よろこばぬにて、いよいよ往生は一定《いちじょう》とおもいたまうべきなり。よろこぶべきこころをおさえて、よろこばせざるは、煩悩《ぼんのう》の所為《しょい》なり。しかるに仏かねてしろしめして、煩悩具足《ぼんのうぐそく》の凡夫《ぼんぶ》とおおせられたることなれば、他力の悲願は、かくのごときのわれらがためなりけりとしられて、いよいよたのもしくおぼゆるなり。また浄土《じょうど》へいそぎまいりたきこころのなくて、いささか所労《しょろう》のこともあれば、死なんずるやらんとこころぼそくおぼゆることも、煩悩《ぼんのう》の所為《しょい》なり。久遠劫《くおんごう》よりいままで流転《るてん》せる苦悩の旧里《きゅうり》はすてがたく、いまだうまれざる安養の浄《じょう》土《ど》はこいしからずそうろうこと、まことに、よくよく煩悩《ぼんのう》の興盛《こうじょう》にそうろうにこそ。なごりおしくおもえども、娑婆《しゃば》の縁《えん》つきて、ちからなくしておわるときに、かの土《ど》へはまいるべきなり。いそぎまいりたきこころなきものを、ことにあわれみたまうなり。これにつけてこそ、いよいよ大悲大願はたのもしく、往生は決定《けつじょう》と存じそうらえ。踊躍歓喜《ゆやくかんぎ》のこころもあり、いそぎ浄土《じょうど》へもまいりたくそうらわんには、煩悩《ぼんのう》のなきやらんと、あやしくそうらいなまし」と云々

（真宗聖典629～630頁）

念仏もうしそうらえども

東国の門弟たちの上洛を迎えて、親鸞聖人が法然上人の仰せに出遇った意義を確かめ、回心を再確認する問答が第二条でした。ところが第九条は、

念仏もうしそうらえども、踊躍歓喜《ゆやくかんぎ》のこころおろそかにそうろうこと、またいそぎ浄土《じょうど》へまいりたきこころのそうらわぬは、いかにとそうろうべきことにてそうろうやらん

といって、念仏する身となりながら、にもかかわらず喜びの心が「おろそか」であり、また「いそぎ」浄土へまいりたい心がおこらないわが身の事実を唯円は親鸞聖人に尋ねられたのです。

唯円のこの問いは、かつて曇鸞《どんらん》大師が、「かの無碍光如来《むげこうにょらい》の名号《みょうごう》よく衆生《しゅじょう》の一切の無明《むみょう》を破す、よく衆生の一切の志願《しがん》を満てたまう」（『教行信証』「信巻」真宗聖典213頁）と確認しながらも、「しかるに称名憶念《しょうみょうおくねん》あれども、無明なお存《そん》して所願を満てざるはいかん」（同前）といって、闇を破って志願を満たす徳が自身において現実にならない理由を尋ねた問いと同じ質の問いで、回心の内側に見出された深刻な機《き》（衆生・人間のあり方）の問題の発見です。教えと生活がなかなか一つにならないということ、生活の大地から離れて、観念化していく信心を現実の生活の大地に引きもどそうとする問いかけです。

教えに遇ったということは、その教えに順《したが》い、教えに立って生涯を尽くそうという志願に立って生きることなのです。

親鸞もこの不審ありつるに

唯円は、この問いを恐る恐る聖人に尋ねたのではないでしょうか。なぜなら、教え導いてくださった聖人に随分と礼を失する問いでもあるからです。しかし、この問いを受けられた聖人は、〝それはいけません〟というどころか、「親鸞もこの不審ありつるに、唯円房おなじこころにてありけり」といって、唯円の問いの場に聖人自身も立たれたのです。それは、唯円への同情であるとか、はからいではありません。むしろ、唯円の問いかけが、聖人自身、法然上人に出遇って以来、ずっと心の底にもち続けていた問いを掘りおこして問い尽くさなければならないものにしたということです。ここに唯円の問いは、直ちに親鸞聖人の問いとして、一つの問いを共有するものとなったのです。

問いを共有するということは、師弟の関係を超えて、共に一つの問いを明らかにし求道する二人が誕生したということです。仏道の師とは、問いを自らの問いと受けとめ、共に教法に尋ねてくださる人なのです。

仏かねてしろしめして

その時、聖人は唯円に、

よろこぶべきこころをおさえて、よろこばせざるは、煩悩《ぼんのう》の所為《しょい》なり。しかるに仏かねてしろしめして、煩悩具足《ぼんのうぐそく》の凡夫《ぼんぶ》とおおせられたることなれば、他力の悲願は、かくのごときのわれらがためなりけりとしられて、いよいよたのもしくおぼゆるなり。

と伝えられました。〝よろこぶべき心をおさえてよろこばせないのは、煩悩のしわざである。しかし、阿弥陀仏はすでにこのことを見通されて、「煩悩具足の凡夫よ」と喚《よ》びかけておられるのであるから、他力の悲願は、このようなわれらのために誓い発《おこ》されたものであると知られて、いよいよたのもしく思われることである〟と。

「仏かねてしろしめして」とは、地獄一定の身の底にすでに久遠の昔より「我れに帰せよ、我が国に生《あ》れよ」と招喚してやまない、大悲招喚の声を聞きあてた実感の言葉です。自己が自己の外を問うたのではない。よろこびのないわが身への問いを通して、久遠の昔から自己の身の底にはたらく、大悲本願を尋ねあてたからこそ、「地獄一定」の身が、そのままにして「往生一定」の身であったことを見出したのです。第二条で「いずれの行もおよびがたき身なれば、とても地獄は一定すみかぞかし」と頷かれた身の事実は、そのままにして「往生は一定とおもいたまうべきなり」という頷きとなったのです。

まさに、本願によって「往生一定」たらしめられてあった事実を、いま、あらためて発見された問答が第九条なのです。

第十条　無義為義の念仏

【本文】

一[十]「念仏には無義をもって義とす。不可称不可説不可思議のゆえに」とおおせそうらいき。そもそもかの御在生《ざいしょう》のむかし、おなじこころざしにして、あゆみを遼遠《りょうおん》の洛陽《らくよう》にはげまし、信をひとつにして心を当来の報土《ほうど》にかけしともがらは、同時に御意趣《ごいしゅ》をうけたまわりしかども、そのひとびとにともないて念仏もうさるる老若《ろうにゃく》、そのかずをしらずおわしますなかに、上人《しょうにん》のおおせにあらざる異義どもを、近来はおおくおおせられ（合）おうてそうろうよし、つたえうけたまわる。いわれなき条々の子細のこと。

（真宗聖典630頁）

無義をもって義とす

初めの方（19頁）で述べたように、この第十条の「そもそもかの御在生のむかし」以下の文を『歎異抄』後半の異義篇を起こす「中序」と見ることができるのですが、ここでは、「「念仏には無義をもって義とす。不可称不可説不可思議のゆえに」とおおせそうらいき」の文について尋ねていきたいと思います。

この文は、唯円が親鸞聖人から聞き学ばれた師訓篇十カ条の結びの言葉になります。「無義をもって義とす」とは、念仏には、人間の思慮分別のはからいを加えないことをもって本義とするという意味です。始めの「義」は、人間のはからいであり、後の「義」は、阿弥陀のはたらきを示しています。聖人は、お手紙の中で、如来の御ちかいなれば、「他力には義《ぎ》なきを義《ぎ》とす」と、聖人《しょうにん》のおおせごとにてありき。義ということは、はからうことばなり。行者のはからいは自力なれば、義というなり。他力は、本願を信楽《しんぎょう》して往生必定《おうじょうひつじょう》なるゆえに、さらに義なしとなり。

（『親鸞聖人血脈文集』真宗聖典594頁）

と述べています。聖人が「義なきを義とす」といわれたのを唯円は、「無義をもって義とす」といったのです。これは『歎異抄』独自の表現であり、唯円の独創的な表現です。念仏は、はからいでなす自力の行ではなく、如来の真実界にわれらを喚《よ》び帰そうとする、本願の行であるということです。

唯円が「耳の底に留」めた聖人の教えは、第一条の「弥陀の誓願不思議」にはじまり、念仏の不思議・名号不思議で結ばれたのです。本願の仏道はそのまま念仏の仏道なのです。

浄土の真実を開示する行

「念仏には、無義をもって義とす」といわれる根本理由として、「不可称不可説不可思議のゆえに」といわれています。それは、念仏の意義とは何かといえば、思いはかることも、言葉に説き表わすことも、心に考えることもできないというのです。人間の思慮分別をもって思いはからうことのできないはたらき、むしろ人間的なはからいのすべてをうち破って、如来の真実界に帰せしめんとはたらく、如来なるものの現働、現前、それが念仏なのです。

第八条で「念仏は行者のために、非行非善なり」といい、「ひとえに他力」であると教えられていました。他力とは、阿弥陀の本願力であり、「我が国に生まれんと欲《おも》え」と喚び、「もし生まれざれば正覚を取らじ」と誓い続ける本願招喚のはたらきです。すでに法然上人は、称名念仏を往生浄土の行となし、浄土の正定の業と喝破《かっぱ》されました。その深義を尋ねて、聖人は、それを「大行」と捉え、「浄土真実の行」と顕揚《けんよう》されたのです。

前（70頁）にふれましたが、大行とは如来なるものの現行であり、私たちに浄土としての真実功徳の世界を開き示す行という意味です。無明の闇の中に流転する虚妄《こもう》の生を破って、無碍光としての光明の世界を私たちに開き示す行なのです。浄土真宗という仏道を支える礎石《そせき》は、念仏のこのような了解にあるといえます。

法蔵因位の御苦労の感得

称名念仏が大行と捉えられた思想背景には、法蔵菩薩の願行《がんぎょう》、つまり『大経』で説かれる法蔵の五劫思惟の願、兆載永劫の修行があります。それは、単なる説話でもなく、神話でもありません。一心帰命の信の獲得の根源に深々と自証され証知された、仏の御苦労の感得なのです。

信心の獲得は、いうまでもなく「よきひとのおおせをかぶりて」という、よき人の教えとの値遇《ちぐう》を決定的な縁とします。しかし、その獲信《ぎゃくしん》の根源には、この値遇よりも遥《はる》かに深く遠い因位の御苦労があったことを見出したのです。法蔵の願行と功徳成就、その功徳の回施《えせ》（めぐらせ施すこと）を語る教説に、聖人は自らの信心の因位の世界を感得し自証されたのです。それゆえに、その仏の大いなるはたらきを、この第十条では「義なきを義とす」と表現されているのです。

中序　信心の開く透明な眼

【本文】

そもそもかの御在生《ざいしょう》のむかし、おなじこころざしにして、あゆみを遼遠《りょうおん》の洛《らく》陽《よう》にはげまし、信をひとつにして心を当来の報土《ほうど》にかけしともがらは、同時に御意趣《ごいしゅ》をうけたまわりしかども、そのひとびとにともないて念仏もうさるる老若《ろうにゃく》、そのかずをしらずおわしますなかに、上人《しょうにん》のおおせにあらざる異義どもを、近来はおおくおおせられおう（合）てそうろうよし、つたえうけたまわる。いわれなき条々の子細のこと。

（真宗聖典630頁）

異義に惑う人びと

「念仏には無義をもって義とす」と聖人の教え（師訓篇）が結ばれますが、その義なき念仏の法に義をたてるところから、さまざまな異義が生じたのです。

帰すべき真実の教えに出遇うということは、大きな縁がなければ出遇えません。しかし、出遇った教えによって正しく生きるということは、もっと難しいことです。『歎異抄』の後半は、「一室の行者」という念仏の共同体の中に起こった信心の異なりを取り上げて、それを批判し悲しみ、共に念仏の信心にしっかりと立って生きる者となろうと叫ぶのです。

この中序では、その背景として「上人《しょうにん》のおおせにあらざる異義どもを、近来はおおくおおせられおうてそうろうよし、つたえうけたまわる」と、「有縁の知識」である親鸞聖人に直接出遇い、その教えに帰し念仏に生きる者となった人びと、その人びとを通して念仏する者となった数多くの人びとの中に、聖人の仰せでない異義を主張する者が近来多くいるというのです。

歎異する唯円

本願寺第三代である覚如《かくにょ》上人の事績を伝える『慕帰絵詞《ぼきえことば》』第三に、正応《しょうおう》元（1288）年の冬の頃、上洛した唯円と覚如が対面し教えを学ばれたと伝えています。正応元年は聖人滅後27年にあたります。おそらく唯円は『歎異抄』を書き終えて、聖人入滅の地、京都に上洛したのではないでしょうか。その頃は、聖人の直接の門弟たちはほとんど亡くなっていたでしょうが、その直接の門弟たちに導かれて、念仏の教えに生きる人びとの時代であった。その人びとが聖人の仰せにあらざる異義に惑っている、というのです。

「聖人のおおせにあらざる異義」、それが第十一条から第十八条の八カ条になります。聖人の教えに自覚的に生きる者となった唯円は、念仏者の間に横行する異義を、けっして見過ごすことはできなかったのです。それどころか、聖人に直接聞き学ぶ深い縁をもちながらも、いま異義を主張する人びとに対して、「有縁の知識」となることができなかったわが身をひたすら痛み悲しみ懺悔《さんげ》するのです。

歎異のこころは、異義の人を異端として批判し糾弾するのではありません。「一室の行者のなかに、信心ことなることなからんために、なくなくふでをそめてこれをしるす」と『歎異抄』が結ばれたように、異なりの原因を自らに帰し、その責任を自身に荷負って、悲歎の涙とともに一つの信心に生きようとなされた信仰批判なのです。

本願念仏に開かれた信心は、仏の本願に自覚的に喚《よ》び覚まされた目覚めであるからこそ、仏法の願いに立って本願を生きる者となるのです。〝ともに本願を生きる者となろう〟。それが歎異のこころです。

信心回復の精神

最初（16頁）にもふれましたが、歎異の精神とは、念仏の共同体に自覚的に身を置くものが、その共同体に起こった異義を深い痛みをもって受けとめ、それを悲歎し、そのことを通して念仏の共同体が本願念仏の信を一つにする、ともに願《がん》生浄土《しょうじょうど》の道に生きる者の共同体であろうとする、信心回復の精神なのです。

信心、つまり本願に喚び覚まされた信仰的自覚は、それが本願の信であるかぎり、われら衆生における虚偽《きょぎ》なる者をはっきりと浮き彫りにし、それを鋭く痛み悲しむ批判精神を生むのです。それを聖人は「悲歎《ひたん》」といわれたのです。「愚禿《ぐとく》悲歎述懐」の和讃で、「浄土真宗に帰《き》すれども　真実の心《しん》はありがたし　虚仮《こけ》不実のわが身にて　清浄《しょうじょう》の心《しん》もさらになし」（真宗聖典508頁）、「五濁増《じょくぞう》のしるしには　この世の道俗ことごとく　外儀《げぎ》は仏教のすがたにて　内心外道《げどう》を帰敬《ききょう》せり」（真宗聖典509頁）といって、内と外の現実を鋭く抉《えぐ》り出して悲歎しています。本願の信とは、このような透徹《とうてつ》した眼の開けなのです。

第十一条　誓願・名号の不思議

【本文】

十一　一　一文不通《いちもんふつう》のともがらの念仏もうすにおうて（会）、「なんじは誓願不思議《せいがんふしぎ》を信じて念仏もうすか、また名号不思議を信ずるか」と、いいおどろかして、ふたつの不思議の子細をも分明《ふんみょう》にいいひらかずして、ひとのこころをまどわすこと、この条、かえすがえすもこころをとどめて、おもいわくべきことなり。誓願《せいがん》の不思議によりて、たもちやすく、となえやすき名号を案じいだしたまいて、この名字をとなえんものを、むかえとらんと、御約束《おんやくそく》あることなれば、まず弥陀《みだ》の大悲大願の不思議にたすけられまいらせて、生死《しょうじ》をいずべしと信じて、念仏のもうさるるも、如来《にょらい》の御はからいなりとおもえば、すこしもみずからのはからいまじわらざるがゆえに、本願に相応して、実報土《じっぽうど》に往生するなり。これは誓願《せいがん》の不思議を、むねと信じたてまつれば、名号の不思議も具足して、誓願《せいがん》・名号の不思議ひとつにして、さらにことなることなきなり。つぎにみずからのはからいをさしはさみて、善悪のふたつにつきて、往生のたすけ・さわり、二様《ふたよう》におもうは、誓願《せいがん》の不思議をばたのまずして、わがこころに往生の業をはげみて、もうすところの念仏をも自行になすなり。このひとは、名号の不思議をも、また信ぜざるなり。信ぜざれども、辺地懈慢疑城胎宮《へんじけまんぎじょうたいぐう》にも往生して、果遂《かすい》の願のゆえに、ついに報土《ほうど》に生ずるは、名号不思議のちからなり。これすなわち、誓願不思議《せいがんふしぎ》のゆえなれば、ただひとつなるべし。

（真宗聖典630～631頁）

不思議ということ

親鸞聖人の教えに出遇いながら、聖人の教えにはない誤った考え、すなわち異義を主張する人びとを批判し、それを痛み悲しみ、聖人の正しい教えを回復してともに本願念仏に立って生きようと願うのが、『歎異抄』後半の歎異篇です。

唯円の指摘する最初の異義は、素朴な念仏者に対して〝あなたは、阿弥陀の誓願の不思議を信じて念仏を称えているのか、それとも名号の不思議なはたらきを信じて称えているのかと言い驚かして、誓願と名号の二つの不思議の本当の意味を充分に説き明かさないで、どちらが聖人の教えの中心であるかと、人の心を惑わしている者がある〟というものです。

不思議・不可思議という言葉は、人間的な思慮分別をもってはかることのできないことを意味します。しかし聖人の場合、それは人間の知性のおよばないという意味だけでなく、如来の大いなるはたらきを表わす言葉です。誓願不思議・名号不思議と熟語されて、真実如来なるものの衆生へのはたらきかけを表わす言葉として示しておられます。しかも重要なことは、衆生が如来の本願に摂取されるというはたらきと同時に、本願の名号に帰した人の身の上に如来の世界が生き生きと開き示されてくる事実をも語ろうとするものです。

仏の御約束としての誓願

弥陀の誓願とは、「ちかいのようは、無上仏《むじょうぶつ》にならしめんとちかいたまえるなり」（「正像末和讃」真宗聖典511頁）といわれるように、無明流転《むみょうるてん》の衆生のすべてを、「我が国」（仏の世界）に生まれさせ無上仏に成らしめなければ、仏自ら仏の正覚を取らないと誓う仏の根本本願のことです。本願を教説する『大経』では、その発願が法蔵菩薩であり、生死無明の世界に流転するこの私が存在するかぎり、法蔵菩薩の願行もまた「不可思議の兆載永劫《ちょうさいようごう》において、菩薩《ぼさつ》の無量の徳行を積植《しゃくじき》」(『大経』真宗聖典27頁)せられるのであると説かれています。

阿弥陀仏とは、けっして絶対的超越的な存在者ではありません。苦悩の衆生の「もろもろの生死《しょうじ》・勤苦《ごんく》の本《もと》を抜かしめん」(『大経』真宗聖典13頁)として、衆生の苦悩の場に身を捨て衆生そのものとなって、苦悩の根本を自らに荷負って衆生を摂取し救済せんとするはたらき、それが法蔵菩薩において発願された誓願です。仏は、自ら菩薩となることにおいて、真に仏であろうとするのです。

仏は法蔵菩薩となって、あらゆる衆生を仏の世界に生まれさせるまで、どれだけ時間を積み重ねようとも仏としての正覚を取らないと誓う誓願が仏の本願なのです。聖人は、御消息で「本願はもとより仏の御約束《おんやくそく》」(真宗聖典609頁)であると教えてくださっています。

大悲の誓いの御名

聖人は、念仏を「本願の名号」と了解されました。名号に如来の名のり、すなわち「我が国に生まれんと欲《おも》え」という本願招喚の勅命《ちょくめい》（絶対命令の声）を聞きあてて、念仏を本願の名号と理解されたのです。「南無阿弥陀仏」の念仏とは、如来そのものの衆生への名のりであり、衆生の上に「我《われ》に目覚めよ」「我に生きよ」と名のり出る、如来の現前、現行なのです。如来が衆生の上に自らを現前し現行せしめている事実、それが称名であり念仏なのです。

聖人は、『唯信鈔文意』で「この如来《にょらい》の尊号は、不可称・不可説・不可思議にましまして、一切衆生《しゅじょう》をして無上大般涅槃《だいはつねはん》にいたらしめたまう、大慈《だいじ》大悲のちかいの御な《み（名）》なり」（真宗聖典547頁）といっておられます。念仏を本願の名号と捉え、称名を「大行」（如来なるものの大いなるはたらき）と了解された聖人においては、念仏は、往生浄土の行であるのみでなく、われら衆生を無上大般涅槃にいたらせる「大慈大悲のちかいの御な」であり、われらに如来自証の浄土を開き示す真実の行なのです。

本願と念仏、誓願と名号は、けっして分けることのできない如来のはたらきを表わす言葉です。阿弥陀は、あらゆる衆生を救い遂《と》げずにはおかないという誓願のはたらきによって、われらのためにたもちやすく、称えやすい名号を選び取ってくださり、〝この名号を称える者を必ず浄土に迎え取ろう〟と、仏のすべてをかけて誓われているのです。だから誓願の不思議を宗《むね》と信ずれば、おのずから名号の大いなるはたらきも具《そな》わるのであって、誓願・名号は本来ひとつである、と唯円はこの第十一条で確かめるのです。

第十二条　学問と往生

【本文】

一 [十二] 経釈をよみ学《がく》せざるともがら、往生不定《おうじょうふじょう》のよしのこと。この条、すこぶる不足言《ふそくごん》の義といいつべし。他力真実のむねをあかせるもろもろの聖教《しょうぎょう》は、本願を信じ、念仏をもうさば仏《ぶつ》になる。そのほか、なにの学問かは往生の要なるべきや。まことに、このことわりにまよえらんひとは、いかにもいかにも学問して、本願のむねをしるべきなり。経釈《きょうしゃく》をよみ学すといえども、聖教《しょうぎょう》の本意をこころえざる条、もっとも不便《ふびん》のことなり。一文不通《いちもんふつう》にして、経釈のゆくじもしらざらんひとの、となえやすからんための名号におわしますゆえに、易行《いぎょう》という。学問をむねとするは、聖道門《しょうどうもん》なり、難行となづく。

あやまって、学問して、名聞利養《みょうもんりよう》のおもいに住するひと、順次《じゅんし》の往生、いかがあらんずらんという証文もそうろうぞかし。当時、専修念仏《せんじゅねんぶつ》のひとと、聖《しょう》道門《どうもん》のひと、諍論《じょうろん》をくわだてて、わが宗こそすぐれたれ、ひとの宗はおとりなりというほどに、法敵もいできたり、謗法《ほうぼう》もおこる。これしかしながら、みずから、わが法を破謗《はほう》するにあらずや。たとい諸門こぞりて、念仏はかいなきひとのためなり、その宗、あさしいやしというとも、さらにあらそわずして、われらがごとく下根《げこん》の凡夫《ぼんぶ》、一文不通《いちもんふつう》のものの、信ずればたすかるよし、うけたまわりて信じそうらえば、さらに上根《じょうこん》のひとのためにはいやしくとも、われらがためには、最上の法にてまします。たとい自余の教法はすぐれたりとも、みずからがためには器量およばざれば、つとめがたし。われもひとも、生死《しょうじ》をはなれんことこそ、諸仏の御本意《ごほんい》にておわしませば、御《おん》さまたげあるべからずとて、にくい気《け》せずは、たれのひとかありて、あたをなすべきや。かつは、「諍論《じょうろん》のところにはもろもろの煩悩《ぼんのう》おこる、智者遠離《ちしゃおんり》すべき」よしの証文そうろうにこそ。故聖人のおおせには、「この法をば信ずる衆生もあり、そしる衆生もあるべしと、仏ときおかせたまいたることなれば、われはすでに信じたてまつる。またひとありてそしるにて、仏説まことなりけりとしられそうろう。しかれば往生はいよいよ一定《いちじょう》とおもいたまうべきなり。あやまって、そしるひとのそうらわざらんにこそ、いかに信ずるひとはあれども、そしるひとのなきやらんとも、おぼえそうらいぬべけれ。かくもうせばとて、かならずひとにそしられんとにはあらず。仏《ぶつ》の、かねて信謗ともにあるべきむねをしろしめして、ひとのうたがいをあらせじと、ときおかせたまうことをもうすなり」とこそそうらいしか。いまの世には学文《がくもん》して、ひとのそしりをやめ、ひとえに論義問答むねとせんとかまえられそうろうにや。学問せば、いよいよ如来《にょらい》の御本意をしり、悲願の広大のむねをも存《ぞん》知《じ》して、いやしからん身にて往生はいかが、なんどとあやぶまんひとにも、本願には善悪浄穢《じょうえ》なきおもむきをも、とききかせられそうらわばこそ、学生《がくしょう》のかいにてもそうらわめ。たまたま、なにごころもなく、本願に相応して念仏するひとをも、学文してこそなんどといいおどさるること、法《ほう》の魔障《ましょう》なり、仏の怨敵《おんてき》なり。みずから他力の信心かくるのみならず、あやまって、他をまよわさんとす。つつしんでおそるべし、先師の御こころにそむくことを。かねてあわれむべし、弥陀《みだ》の本願にあらざることをと云々

（真宗聖典631〜633頁）

本願の本旨を知る

異義の第二は〃たとえ念仏を称えていても、経典やその註釈書などを読んで学問しない人は、往生できるかどうかおぼつかない〃と主張する人への批判です。

現代社会にあっても、あらゆる面で学問や知識が重要視されています。

しかし、往生のために学問や知識が必要なのでしょうか。『歎異抄』は、一言のもとにそれを否定して、他力真実のむねを明らかにしているもろもろの聖教《しょうぎょう》は、つまるところ「本願を信じ、念仏をもうさば仏になる」と説かれている、と示しています。〝まことに、この道理にくらく迷っている人は、どこまでも学問して本願の本旨《こころ》を知るべきである。せっかく経典やその註釈書を読んで学問しても、肝心な聖教の本意がわからないようでは、まったく悲しいことである〟というのです。

学問を第一として、自らの力でさとりを開く道を聖道門といい、その行を「難《なん》行《ぎょう》」と名づけます。しかし親鸞聖人は、法然上人から「浄土宗のひとは愚者になりて往生す」(『末燈鈔』真宗聖典603頁)と確かに承ったといいます。「愚者になりて」とは、単に〝愚かな人になれ〟という意味ではありません。如来の大悲の本願、智慧の光明に照らし出されて、身の現実の相に目覚め立てという意味です。経典や註釈書のすじ道もわからないようなわれらのために、称えやすいようにというための名号なのですから、念仏を「難行」に対して「易行《いぎょう》」というのです。たとえ諸宗がみなそろって〝念仏は愚かな者のための教えであり、浅薄で低俗である〟といおうとも、それに対して少しも言い争わないで、〝仏法を成就する力のある勝れた人には低俗な教えであっても、機根《きこん》の劣ったわれら凡夫にとっては「最上の法」である〟と唯円は言い切るのです。

「知る」と「心得る」

「学ぶ」ということは「知る」ということですが、しかしここでは「本願のむねをしる」ことであり、「聖教の本意をこころうる」ことであるといわれています。一般に仏教を知るということは、仏教を対象的に学び、仏教について知識をもっているということです。そこでは、知る対象と学ぶ自分との直接的な関わりはありません。事柄についての客観的な知なのです。

しかし、いま「聖教の本意をこころうる」という知り方は、それとは大きく違っています。「心得る」とは、聖教の本意・本来の意義を心得る・わがものとするということであり、聖教の本来の思し召しに立って生きる自分になるということです。第十二条は、単なる客観的な知と区別して主体的な知をすすめているのです。客観的な知は、いかに広く深いものであっても自分を本質的に変えることはありませんが、主体的な知、すなわち本願の信知は、人間を本質的に転換し成就するのです。

信知――自身を賜わる

「正信偈《しょうしんげ》」に「信を獲《う》れば見て敬い大きに慶喜《うやまきょうき》せん」（真宗聖典205頁）と詠われて

いるように、本願の信の獲得において大いに慶喜する人を賜わるのです。本願の信知において、まことの自身を賜わるのです。

「あやまって、学問して、名聞利養のおもいに住するひと」とは、学問を世間の出世の手段とし、生活の種にするという誤った学問観が横行していることを厳しく批判されています。その上で学ぶ者自身の根源を知り、その根源に目覚め立って生きる自身を得ること、それが本願の信であり、主体的な知であるというのです。本願の信は、自身についてのどのような信知を開くのかといえば、善導《ぜんどう》大師は、その決定的な信知の自覚内容を※二種深信《にしゅじんしん》として教えられました。

一つには決定《けつじょう》して深く、「自身は現にこれ罪悪生死《ざいあくしょうじ》の凡夫《ぼんぶ》、曠劫《こうごう》より已来《このかた》、常に没《もっ》し常に流転《るてん》して、出離《しゅつり》の縁《えん》あることなし」と信ず。二つには決定《けつじょう》して深く、「かの阿弥陀仏《あみだぶつ》の四十八願《しじゅうはちがん》は衆生を摂受《しゅじょうしょうじゅ》して、疑いなく慮《おもんぱか》りなくかの願力に乗じて、定んで往生を得《う》」と信ず。

（『教行信証』「信巻」真宗聖典215～216頁）

これを親鸞聖人は『愚禿鈔《ぐとくしょう》』で、第一の深信は、「決定《けつじょう》して自身を深信《じんしん》する」（真宗聖典440頁）といい、第二の深信を「決定《けつじょう》してかの願力に乗じて深信《じんしん》する」（同前）といって、この二つの深信は「他力至極《しごく》の金剛心《こんごうしん》」（真宗聖典439頁）の自覚内容であると了解されたのです。

※二種深信…機の深信と法の深信のこと。自身は罪深く、限りない昔から迷いの世界にさまよう愚かな者であることを深く信じ（機の深信）、このような者が阿弥陀仏の本願によって必ず救済されることを深く信じる（法の深信）ことをいう。

第十三条　宿業《しゅくごう》―全責任の自覚

【本文】

一　十三　弥陀《みだ》の本願不思議におわしませばとて、悪をおそれざるは、また、本願ぼこりとて、往生かなうべからずということ。この条、本願をうたがう、善悪の宿業《しゅくごう》をこころえざるなり。よきこころのおこるも、宿善《しゅくぜん》のもよおすゆえなり。悪事《あしきこと》のおもわれせらるるも、悪業《あくごう》のはからうゆえなり。故聖人のおおせには、「卯毛羊毛《うもうようもう》のさきにいるちりばかりもつくるつみの、宿業《しゅくごう》にあらずということなしとしるべし」とそうらいき。また、あるとき「唯円房《ゆいえんぼう》はわがいうことをば信ずるか」と、おおせのそうらいしあいだ、「さんぞうろう」と、もうしそうらいしかば、「さらば、いわんことたがうまじきか」と、かさねておおせのそうらいしあいだ、つつしんで領状《りょうじょう》もうしてそうらいしかば、「たとえば、ひとを千人ころしてんや、しからば往生は一定《いちじょう》すべし」と、おおせそうらいしとき、「おおせにてはそうらえども、一人《いちにん》もこの身の器量《きりょう》にては、ころしつべしとも、おぼえずそうろう」と、もうしてそうらいしかば、「さてはいかに親鸞《しんらん》がいうことをたがうまじきとはいうぞ」と。「これにてしるべし。なにごともこころにまかせたることならば、往生のために千人ころせといわんに、すなわちころすべし。しかれども、一人にてもかないぬべき業縁《ごうえん》なきによりて、害せざるなり。わがこころのよくて、ころさぬにはあらず。また害せじとおもうとも、百人千人をころすこともあるべし」と、おおせのそうらいしは、われらが、こころのよきをばよしとおもい、あしきことをばあしとおもいて、願の不思議にてたすけたまうということをしらざることを、おおせのそうらいしなり。そのかみ邪見《じゃけん》におちたるひとあって、悪をつくりたるものを、たすけんという願にてましませばとて、わざとこのみて悪をつくりて、往生の業《ごう》とすべきよしをいいて、ようように、あしざまなることのきこえそうらいしとき、御消息《ごしょうそく》に、「くすりあればとて、毒をこのむべからず」と、あそばされてそうろうは、かの邪執《じゃしゅう》をやめんがためなり。まったく、悪は往生のさわりたるべしとにはあらず。「持戒持律《じかいじりつ》にてのみ本願を信ずべくは、われらいかでか生死《しょうじ》をはなるべきや」と。かかるあさましき身も、本願にあいたてまつりてこそ、げにほこられそうらえ。さればとて、身にそなえざらん悪業《あくごう》は、よもつくられそうらわじものを。また、「うみかわに、あみをひき、つりをして、世をわたるものも、野やまに、ししをかり、とりをとりて、いのちをつぐともがらも、あきないをもし、田畠《でんぱく》をつくりてすぐるひとも、ただおなじことなり」と。「さるべき業縁《ごうえん》のもよおせば、いかなるふるまいもすべし」とこそ、聖人《しょうにん》はおおせそうらいしに、当時は後世者《ごせしゃ》ぶりして、よからんものばかり念仏もうすべきように、あるいは道場にはりぶみをして、なむなむのことしたらんものをば、道場へいるべからず、なんどということ、ひとえに賢善精進《げんぜんしょうじん》の相をほかにしめして、うちには虚仮《こけ》をいだけるものか。願にほこりてつくらんつみも、宿業のもよおすゆえなり。さればよきことも、あしきことも、業報《ごうほう》にさしまかせて、ひとえに本願をたのみまいらすればこそ、他力にてはそうらえ。『唯信抄《ゆいしんしょう》』にも、「弥陀《みだ》いかばかりのちからましますとしりてか、罪業《ざいごう》の身なれば、すくわれがたしとおもうべき」とそうろうぞかし。本願にほこるこころのあらんにつけてこそ、他力をたのむ信心も決定《けつじょう》しぬべきことにてそうらえ。おおよそ、悪業煩悩《あくごうぼんのう》を断じつくしてのち、本願を信ぜんのみぞ、願にほこるおもいもなくてよかるべきに、煩悩《ぼんのう》を断じなば、すなわち仏になり、仏のためには、五《ご》劫思惟《こうしゆい》の願、その詮《せん》なくやましまさん。本願ぼこりといましめらるるひとびとも、煩悩《ぼんのう》不浄《ふじょう》、具足《ぐそく》せられてこそそうろうげなれ。それは願にほこらるるにあらずや。いかなる悪を、本願ぼこりという、いかなる悪か、ほこらぬにてそうろうべきぞや。かえりて、こころおさなきことか。

（真宗聖典633〜635頁）

つくるつみの宿業

異義の第三は、〝阿弥陀の本願は悪人こそ救うのであるからといって罪悪を犯すことをおそれないのは、「本願ぼこり」であり、それでは往生できない〟という主張への批判です。第三条で「善人なおもて往生をとぐ、いわんや悪人をや」といわれた聖人の教えについての異義です。聖人は、この異義に対して〝これは、本願を疑う上に、さらに善悪が宿業によることを知らないからである。善き心のおこるのも、悪しき心のおこるのも、ともに、宿業によるものである。兎の毛や羊の毛の先についているちりほどのわずかな罪悪でも、人間のつくるつみの宿業でないものはない〟といいます。

「つくるつみの宿業にあらずということなし」という聖人の言葉は、いかなる善悪の行為も、小さな罪も無限の過去を背負ってここに今生きている私に、帰せられないものはないということです。それが内面におこる思いであろうが、外の行為であろうとも、すべて私の存在の身の底から由来するものであって、私の責任でないものはないというのです。本願の信において証知されたわが身についての全責任の自覚、それが宿業の自覚なのです。

業縁のもよおしを生きる

自己の存在についての透徹した自覚をうるために、聖人は唯円に問いを出されました。〝私の言うことを信じますか〟と問いかけて、〝はい、信じます〟という唯円の頷きを見届けて、〝それでは、人を千人殺してもらいましょう。そうすれば、往生は決定するでしょう〟と。それを聞いた唯円は、恐れおののいて、〝お言葉ではありますが、ただの一人もこの私の力では殺せません〟と申しあげたところ、〝それでは、どうして親鸞の言うことに背かないと誓われたのか〟といって、〝これでよくわかったでしょう〟と聖人は申されたのです。

唯円が人を殺す能力のある・なしの問題にすり替《か》えて、自己弁護したのですが、聖人は、その自意識の底に潜む最も執拗《しつよう》な自我心を抉《えぐ》り出して、〝一人ですら殺せるような業縁がないから殺せないのです〟といって、存在する身の事実は「業縁なるもの」と明らかにされたのです。ひとたび業の縁がもよおすならば、自分の分別を超えて、内なる善悪の種子《しゅうじ》（可能性）が、その縁をまって現行するのです。縁のもよおしがなければ、種子の現行はないのです。それは、自分が善いからではないのです。

「さるべき業縁のもよおせば、いかなるふるまいもすべし」。何と因縁の道理の重さと深さを知らしめる言葉でしょうか――。

信心における懺悔《さんげ》の表白《ひょうびゃく》

自らの業の底知れない深さを、善導大師は「自身は現にこれ罪悪生死《ざいあくしょうじ》の凡夫《ぼんぶ》、曠劫《こうごう》より已来《このかた》、常に没《もっ》し常に流転《るてん》して、出離《しゅつり》の縁《えん》あることなし」（『教行信証』「信巻」真宗聖典215頁）と表白されました。これは、自己というこの身が秘めている、恐ろしいほどの業の深さを凝視した表白です。「曠劫より已来」とは、無限の過去からという意味で、けっして実時間を意味する言葉ではありません。存在がその本質において、これ以外の何ものでもないという存在の根本規定を表す言葉です。流転する衆生が、まさに自己自身の流転の事実を深い痛みと悲しみをもって告白された言葉です。

しかも聖人の場合、この身の痛みは、一人個人の痛みにとどまるものではありませんでした。「一切の群生海《ぐんじょうかい》、無始よりこのかた乃至《ないし》今日今時に至るまで」（『教行信証』「信巻」真宗聖典225頁）といわれたように、人間存在の永い流転の歴史が内観され抉り出されているのです。人間存在の深みの凝視において、業が「宿業」であるといわれたのです。「宿」とは、業の底なしの「深さ」を言い当てた語なのです。

だから、しばしばいわれてきたように、「過去世」とか「前世」という実体的な時間としてけっして解してはならないのです。聖人には、実体的な三世（現在・過去・未来）、実体的な前世や過去世を語ることはありません。聖人が「曠劫より已来」「無始よりこのかた」という時、徹底した信仰的自覚に内観された流転する虚妄の生の深さを言い当てようとされているのです。宿業は、本願の信、信心の智慧において証知された、わが身の罪業深重の信知であり、本願の信における最も深い懺悔の言葉なのです。

第十四条　念仏――転成《てんじょう》のはたらき

【本文】

十四
一　一念に八十億劫《こう》の重罪を滅《めっ》すと信ずべしということ。この条は、十悪《じゅうあく》五逆《ごぎゃく》の罪人、日ごろ念仏をもうさずして、命終《みょうじゅう》のとき、はじめて善知識《ぜんじしき》のおしえにて、一念もうせば八十億劫のつみを滅《めっ》し、十念もうせば、十《と》八十億劫《はちじゅうおくこう》の重罪を滅《めっ》して往生すといえり。これは、十悪五逆の軽重《きょうじゅう》をしらせんがために、一念十念といえるか、滅罪《めつざい》の利益《りやく》なり。いまだわれらが信ずるところにおよばず。そのゆえは、弥陀《みだ》の光明にてらされまいらするゆえに、一念発起《いちねんほっき》するとき、金剛《こんごう》の信心をたまわりぬれば、すでに定聚《じょうじゅ》のくらいにおさめしめたまいて、命終《みょうじゅう》すれば、もろもろの煩悩悪障《ぼんのうあくしょう》を転じて、無生忍《むしょうにん》をさとらしめたまうなり。この悲願ましまさずは、かかるあさましき罪人、いかでか生死《しょうじ》を解脱《げだつ》すべきとおもいて、一生のあいだもうすところの念仏は、みなことごとく、如来大悲《にょらいだいひ》の恩を報じ徳を謝すとおもうべきなり。念仏もうさんごとに、つみをほろぼさんと信ぜば、すでに、われとつみをけして、往生せんとはげむにてこそそうろうなれ。もししからば、一生のあいだ、おもいとおもうこと、みな生死《しょうじ》のきずなにあらざることなければ、いのちつきんまで念仏退転《たいてん》せずして往生すべし。ただし業報《ごうほう》かぎりあることなれば、いかなる不思議のことにもあい、また病悩苦痛《びょうのうくつう》せめて、正念《しょうねん》に住せずしておわらん。念仏もうすことかたし。そのあいだのつみは、いかがして滅《めっ》すべきや。つみきえざれば、往生はかなうべからざるか。摂取不捨《せっしゅふしゃ》の願をたのみたてまつらば、いかなる不思議ありて、悪業をおかし、念仏もうさずしておわるとも、すみやかに往生をとぐべし。また、念仏のもうされんも、ただいまさとりをひらかんずる期《ご》のちかづくにしたがいても、いよいよ弥陀《みだ》をたのみ、御恩を報じたてまつるにてこそそうらわめ。つみを滅《めっ》せんとおもわんは、自力のこころにして、臨終正念《りんじゅうしょうねん》といのるひとの本意なれば、他力の信心なきにてそうろうなり。

（真宗聖典635〜636頁）

念仏は滅罪の教えか

異義の第四は〝一声の念仏によって、八十億劫という、きわめて長い間の重い罪を滅することができると信ずべきである〟という主張への批判です。これは『観無量寿経』の※下下品《げげぼん》の教説に、五逆十悪の罪人が命終わる時に仏道の師（善知識《ぜんじしき》）に遇って、〝仏名を称えれば、一声の念仏において八十億劫という長い間の生死の罪が除かれる〟と説かれているのによったものです。

いつの時代の人も宗教に罪を滅する、罪を帳消しにするはたらきを期待します。しかし『歎異抄』は、〃これ（『観経』）は、十悪・五逆の罪の深さと重さを思い知らせんがために、一声の念仏、十声の念仏といわれたのであり、とくにこれは臨終においての滅罪の利益をいうのであって、滅罪を目当てにして念仏を称えるのは、聖人の教えられた念仏の信心とは、はるかに異なっている〃というのです。

　その理由は、〃すでにわれらは弥陀の光明に照らされているのであって、ひとたび仏の本願に帰命する心のおこる時、何ものにも破られることのない金剛の信心をたまわるのであるから、その時すでに※正定聚《しょうじょうじゅ》のくらいにおさめしめたまいて、命終わる時、一切の煩悩や罪悪を転じて、大涅槃を証すべき身となるのである〃と『歎異抄』は教えています。本願念仏に開かれる信心において、人は「即《そく》の時に大乗正定聚《だいじょうしょうじょうじゅ》の数《かず》に入《い》るなり。正定聚《しょうじょうじゅ》に住するがゆえに、必ず滅度《めつど》に至る」（『教行信証』「証巻」真宗聖典280頁）者となるのです。

罪業の深重を教える

もし称えた念仏の力で罪悪を滅ぼすというのであれば、それは自分の力で罪を消して浄土に生まれようと励む立場です。一生の間、心に思うことはすべてこの迷いの世界にわが身をしばりつけるきずなでないものはないのであるから、命の尽きる最後の最後まで、念仏を称え続けなければならないことになります。しかし人間の生活は、いつどんな突発的な出来事にあって、命終わるかわかりません。念仏を称えることのできなかった間の罪を、どうして滅ぼすことができるのか。罪が消えなければ、浄土に往生することができないのか。もしそうであれば、すべての衆生を摂取して捨てないという、阿弥陀の誓願は虚しいものになるのではないでしょうか――。

唯円は、念仏が罪を滅ぼすという異義に対して、このように厳密に尋ねていきます。『観経』には、たしかに一声の念仏において「八十億劫の生死の罪を除く」と説いています。滅罪とか除罪というのは、どういう意味なのでしょうか。それは、罪が単純に消され、取り除かれるということでなくて、罪が罪でなくなるということ、罪がより高い自覚的立場、すなわち本願念仏の信において、かえって功徳に転じかえなされることです。つまり、一声の念仏において「八十億劫の生死の罪を除く」というのは、一声一声の念仏において、八十億劫という途方もなく長い間の深くて重い生死の罪をわが身を通して思い知らされたということです。

繰り返しますが、罪を除くということは、単純に除外することではなく、はかり知れない深重なるわが罪業を知らしめられることであり、そこに深い深い懺悔《さんげ》の心に生きる者となることです。

転じかえなされる生

聖人は、「一念にと八十億劫《こう》のつみをけすまじきにはあらねども、五逆のつみのおもきほどをしらせんがためなり」（『唯信鈔文意』真宗聖典559頁）といい、『歎異抄』では、〝金剛の信心をたまわれば、その時までに定聚《じょうじゅ》の位におさめとられて、命終わる時に一切の煩悩悪障を転じて、大般涅槃さとりをひらかしめていただくのである〟といわれています。「命終わるとき」とは、単なる死ではなく信心のさだまる時、すなわち本願に生きる生の始まりを意味します。信心のさだまる時、「もろもろの煩悩悪障を転じて」といわれるように、転じかえなされるのです。

聖人は、「転ずというは、善とかえなすをいうなり」（『唯信鈔文意』真宗聖典548頁）と教えています。あたかも、よろずの水が大海に入れば、潮《うしお》となるように、一味における転成《てんじょう》を教えてくださっています。「転」を、転じ滅するという意味でなく、「転じかえなす」という意味に解し、如来の本願力による転成を説く聖人の言葉に注意すべきです。

※正定聚…さとりが決定している人、またはその位を意味する。必ず仏になるべき身と定まった人びとをいう。
※下下品…『観経』に説かれる、凡夫が浄土に生まれるための実践方法を行者の性質や行為の差異によって9つに分類したものの一つ。9つの分類は、上品・中品・下品をさらに上生・中生・下生に分けたもの。下品下生は下下品とも呼ばれる。

第十五条　本願名号の信と証

【本文】

一[十五]　煩悩具足《ぼんのうぐそく》の身をもって、すでにさとりをひらくということ。この条、もってのほかのことにそうろう。即身成仏《そくしんじょうぶつ》は真言秘教《しんごんひきょう》の本意、三密行業《さんみつぎょうごう》の証果《しょうか》なり。六根清浄《ろっこんしょうじょう》はまた法華一乗《ほっけいちじょう》の所説、四安楽《しあんらく》の行の感徳なり。これみな難行上根《なんぎょうじょうこん》のつとめ、観念成就《かんねんじょうじゅ》のさとりなり。来生《らいしょう》の開覚は他力浄土の宗旨《しゅうし》、信心決定《しんじんけつじょう》の道《どう》なるがゆえなり。これまた易行下根《いぎょうげこん》のつとめ、不簡善悪《ふけんぜんあく》の法なり。おおよそ、今生《こんじょう》においては、煩悩悪障《ぼんのうあくしょう》を断ぜんこと、きわめてありがたきあいだ、真言《しんごん》・法華《ほっけ》を行ずる浄侶《じょうりょ》、なおもて順次生《じゅんしじょう》のさとりをいのる。いかにいわんや、戒行恵解《かいぎょうえげ》ともになしといえども、弥陀《みだ》の願船に乗じて、生死《しょうじ》の苦海をわたり、報土のきしにつきぬるものならば、煩悩《ぼんのう》の黒雲はやくはれ、法性《ほっしょう》の覚月《かくげつ》すみやかにあらわれて、尽十方《じんじっぽう》の無碍《むげ》の光明に一味にして、一切の衆生《しゅじょう》を利益《りやく》せんときにこそ、さとりにてはそうらえ。この身をもってさとりをひらくとそうろうなるひとは、釈尊のごとく、種種の応化《おうけ》の身《しん》をも現じ、三十二相・八十随形好《ずいぎょうこう》をも具足して、説法利益《せっぽうりやく》そうろうにや。これをこそ、今生《こんじょう》にさとりをひらく本《ほん》とはもうしそうらえ。『和讃《わさん》』にいわく「金《こん》剛堅固《ごうけんご》の信心の　さだまるときをまちえてぞ　弥陀《みだ》の心光摂護《しんこうしょうご》して　ながく生死《しょうじ》をへだてける」（善導讃）とはそうらえば、信心のさだまるときに、ひとたび摂取《せっしゅ》してすてたまわざれば、六道に輪回《りんね》すべからず。しかればながく生死をばへだてそうろうぞかし。かくのごとくしるを、さとるとはいいまぎらかすべきや。あわれにそうろうをや。「浄土真宗《じょうどしんしゅう》には、今生《こんじょう》に本願を信じて、かの土《ど》にしてさとりをばひらくとならいそうろうぞ」とこそ、故聖人のおお

せにはそうらいしか。（真宗聖典636～637頁）

凡夫に開かれた一道

異義の第五は、〝臨終のきわまで煩悩から離れられない罪悪生死の身であるにもかかわらず、今生に煩悩を断じてさとりを開き仏に成る〟と説く者に対する批判です。この身のままで仏に成るという「即身成仏《そくしんじょうぶつ》」は、真言《しんごん》や法華《ほっけ》の教えであり、それは、妄念《もうねん》を払い心をしずめて、真理を観察《かんざつ》し体得する観念成就《かんねんじょうじゅ》のさとりです。これは器量のすぐれた人のみがなすことのできる行であって、おろかな凡夫にはとてもおよぶものではありません。

それに対して「来生《らいしょう》の開覚《かいかく》」、すなわち浄土に生まれて開くさとりは、阿弥陀仏の本願力を信ずる信心に成り立つ真宗仏道の基本的立場です。本願念仏の信、これこそ自分の力で生死の迷いを離れられない凡夫に開かれた、※群萌《ぐんもう》の一乗《いちじょう》なのです。聖人は比叡山での修学で何を得たのでしょうか。煩悩を断って涅槃を証するという仏道に破れて、久遠《くおん》の凡夫の身を思い知らされた。この凡夫の身の救われるただ一つの道、それが本願念仏の一道である、と顕《あき》らかにされたのでした。

信心―願心の回向成就

聖人は「高僧和讃」で「金剛堅固《こんごうけんご》の信心の　さだまるときをまちえてぞ　弥陀《みだ》の心光摂護《しんこうしょうご》して　ながく生死《しょうじ》をへだてける」（真宗聖典496頁）と詠われます。ゆるぎない真実の信心が決定するその時に、弥陀の大悲の光明におさめまもられて、とこしなえにこの迷いを超えしめられるのである、というのです。

散乱する凡夫の心に対して、本願の信を金剛の信といわれます。何ものにもやぶられず、かたぶかず、みだれない心を「金剛堅固の信心」というのですが、それは、如来の本願招喚の声に喚《よ》び覚まされた心であるだけでなく、それ以上に、如来が「我が国に生まれんと欲《おも》え（欲生我国）」と招喚してやまない欲生の願心の回向成就であるからです。聖人は、本願の名号だけでなく、その名号に開かれる信心も、願心の回向成就であると感得されたのです。

　回向成就ということは、如来の願心がいま「念仏もうさんとおもいたつこころ」すなわち信心として体験されたということであり、「おもいたつこころ」の信心は、如来の願心そのものの現前《げんぜん》であり、現成《げんじょう》であるということです。われらの自我心との戦いを通して、自我心を根底からうちくだいて、私における真に主体なるものとして現前し現成した願心、それを金剛の信心というのです。如来の願心とわれらの信心は、二にして一であり、その体は一です。

信心—浄土の開示

無明流転《むみょうるてん》の生を破って、尽十方無碍光《じんじっぽうむげこう》の世界に生まれさせようとはたらく如来の願心の現前現成が信心ですから、その信心において、如来の無碍光の世界、すなわち浄土が開き示され、浄土の開示された生を生きる者となるのです。大悲の本願に帰し、尽十方無碍光如来に帰した信心は、直ちに尽十方無碍光の世界を見出した目覚めです。

聖人は『教行信証』「真仏土巻《しんぶつどのまき》」で「謹《つつし》んで真仏土を案《あん》ずれば、仏はすなわちこれ不可思議光如来《ふかしぎこうにょらい》なり、土はまたこれ無量光明土《むりょうこうみょうど》なり。しかればすなわち大悲《だいひ》の誓願《せいがん》に酬報《しゅうほう》するがゆえに、真の報仏土《ほうぶつど》と曰《い》うなり」(真宗聖典300頁)と述べています。仏も仏土も、ともに「帰命尽十方無碍光如来」と表白《ひょうびゃく》される選択本願《せんじゃくほんがん》の行信《しん》に開示《かいじ》され、自証《じしょう》される光明のはたらきであり、光明の世界です。

無碍光如来に帰する心は、如来の願心の回向成就ですから、そのまま如来の無量光明の浄土を見出した心なのです。だから聖人は、〝信心のさだまる時、ひとたび阿弥陀の光明に摂取されて二度と捨てたもうことがないから、もはや迷いの生活である六道を流転することはない〟と言い切るのです。

また聖人は『唯信鈔文意』で「信心をうればすなわち往生すという。すなわち往生すというは、不退転に住するをいう。不退転に住すというは、すなわち正定《しょうじょう》聚《じゅ》のくらいにさだまるとのたまう御《み》のりなり。これを「即得往生」とはもうすなり」（真宗聖典549〜550頁）と教えています。不退転に住し、必ず無上涅槃の証《さと》りに至ることのできる身となった生、それを現生《げんしょう》に正定聚の位に住するというのです。この一点に聖人の往生理解の積極性があります。

※群萌の一乗…あらゆる生きとし生けるものが等しく仏となる教え、すなわち仏教。

第十六条　ただひとたびの回心

【本文】

一[十六]　信心の行者《ぎょうじゃ》、自然《じねん》に、はらをもたて、あしざまなることをもおかし、同朋同侶《どうぼうどうりょ》にもあいて口論をもしては、かならず回心《えしん》すべしということ。この条、断悪修善《だんあくしゅぜん》のここちか。一向専修《いっこうせんじゅ》のひとにおいては、回心《えしん》ということ、ただひとたびあるべし。その回心は、日ごろ本願他力真宗をしらざるひと、弥《み》陀《だ》の智慧をたまわりて、日ごろのこころにては、往生かなうべからずとおもいて、もとのこころをひきかえて、本願をたのみまいらするをこそ、回心《えしん》とはもうしそうらえ。一切の事《じ》に、あしたゆうべに回心して、往生をとげそうろうべくは、ひとのいのちは、いずるいき、いるいきをまたずしておわることなれば、回心《えしん》もせず、柔和忍辱《にゅうわにんにく》のおもいにも住せざらんさきにいのちつきば、摂取不捨《せっしゅふしゃ》の誓願《せいがん》は、むなしくならせおわしますべきにや。くちには願力《がんりき》をたのみたてまつるといいて、こころには、さこそ悪人をたすけんという願、不思議にましますというとも、さすがよからんものをこそ、たすけたまわんずれとおもうほどに、願力をうたがい、他力をたのみまいらするこころかけて、辺地《へんじ》の生《しょう》をうけんこと、もっともなげきおもいたまうべきことなり。信心さだまりなば、往生は、弥陀《みだ》に、はからわれまいらせてすることなれば、わがはからいなるべからず。わろからんにつけても、いよいよ願力をあおぎまいらせば、自然《じねん》のことわりにて、柔和忍辱《にゅうわにんにく》のこころもいでくべし。すべてよろずのことにつけて、往生には、かしこきおもいを具せずして、ただほれぼれと弥陀《みだ》の御恩の深重《じんじゅう》なること、つねはおもいいだしまいらすべし。しかれば念仏ももうされそうろう。これ自然《じねん》なり。わがはからわざるを、自然《じねん》ともうすなり。これすなわち他力にてまします。しかるを、自然《じねん》ということの別にあるように、われものしりがおにいうひとのそうろうよし、うけたまわる。あさましくそうろうなり。

（真宗聖典637〜638頁）

ただひとたびの回心

異義の第六は、〝あやまちを犯すたびに必ず回心《えしん》すべきであるといって、回心を「悔い改める心」と解して、悪を断じて善を修めなければ往生できない〟という主張への批判です。これは、本願を信じ念仏を称えていても自然に腹をたてたり、悪いことをしたり、念仏の同朋にあって口論などをしては、その都度《つど》回心すべきであると説く者への批判で、自分の力で悪を断ち、善を修めて浄土に生まれようとする立場に対するものです。

このことに対して親鸞聖人は、〝弥陀の本願をひとすじに信じ念仏に生きる人にとっては、回心ということは、生涯ただ一度しかない〟と教えます。その回心とは、つね日ごろ、弥陀の本願力によって救われる浄土真宗の教えを知らない人が、阿弥陀の智慧に眼を開かれて、日ごろの心では往生できないと思い知って、その自力をたのみとする心をひるがえし捨てることです。本願の真実に帰依して生きることを「回心」というのです。

もし一切のことについて、朝に夕に回心して、すなわち悔い改めて浄土に往生するというのであれば、人のいのちは、吐く息が吸うのを待つことなく、たちまちに終わることですから、悔い改めもしないでいのちが終わるならば、一切の人を摂取して捨てないという阿弥陀の誓願は、ついに何の役にもたたないことになってしまうのではないでしょうか。口先では〝本願のはたらきを信じます〟といいながら、心の中では〝やはり善人こそ、まず救けてくださるのであろう〟と思って、念仏の教えに生きながらも、本願の力を疑い、弥陀の真実のはたらきを信じる心が欠けているために、※方便化土《ほうべんけど》に生まれ、そこにとどまって真実の救いが開かれないのは最も嘆かわしいことであると唯円は歎くのです。

回心――本願に帰す

〝ひとたび真実の信心が決定《けつじょう》するならば、往生は阿弥陀のはたらきによって果たし遂げられるのですからけっして自力ではからうべきものではない〟と『歎異抄』は教えています。

『唯信鈔文意』で聖人は、「『回心《えしん》』というは、自力《じりき》の心《しん》をひるがえし、すつるをいうなり」（真宗聖典552頁）と教えています。しかし、この根強い自力の心をどうしたらひるがえし捨てることができるのでしょうか。

聖人は、自らの回心を『教行信証』で、「愚禿釈《ぐとくしゃく》の鸞《らん》、建仁《けんにん》辛《かのと》の酉《とり》の暦《れき》、雑行《ぞうぎょう》を棄《す》てて本願に帰す」（真宗聖典399頁）と表白《ひょうびゃく》されています。回心における転依《てんね》転《てん》身《しん》を「本願に帰す」といっておられるのです。よき人法然上人の「ただ念仏して、弥陀にたすけられまいらすべし」と勧める教言に出遇い、その教えに育てられて、聖人は、その教言の底に我《われ》を喚《よ》んでやまない本願招喚の勅命をはっきり聞きあてて、如来の願心に自覚的に生きる者となったというのです。

阿弥陀の本願に帰して生きる新しい生の誕生、それが回心なのです。言い換えれば、回心とは、如来の「至心《ししん》に信楽《しんぎょう》して我が国に生まれんと欲《おも》え」と招喚する願心に目覚め帰し、その願心に自覚的に生きる者となるということです。

往生は弥陀のはたらき

阿弥陀の本願に目覚め帰すことによって、いままでの自己中心の我執《がしゅう》にもとづいた価値観や世界観が根底から翻《ひるが》えされ、如来の真実に真の拠《よ》りどころを見出して生きる人生に転換するのです。それが念仏往生の新しい生の始まりです。本願の念仏は、我執の生活を完全に転じて、如来の本願真実に立って生きる新たなる生を与えてくれる。その新たな生の開けを、いま〝ただひとたびの回心〟と教えられたのです。

自力の心、自執《じしゅう》が破れるのは、如来の回向のはたらきとの決定的な出遇いがあるからです。ひとたび如来の大悲回向に目覚め立つならば、それまで如来の大悲に背き続けてきたわが身への深い懺悔《さんげ》を生むのです。如来の願力におけるわが身の発見が機《き》の深信《じんしん》であり、その身の底に久遠《くおん》の昔からはたらく願心への目覚めが法の深信です。〝真実の信心がさだまるならば、往生浄土は阿弥陀にはからわれて果たしとげられるのであって、けっしてわが力ではからうべきではない〟という聖人の言葉は重要です。往生は阿弥陀のはからいであり、われら衆生のなすべきことは、如来の本願にいま目覚め帰す信心ひとつであると第十六条は示してくださっています。

※方便化土…阿弥陀仏の本願を疑う者の生まれる浄土の片すみ。疑城胎宮《ぎじょうたいぐう》ともいい、疑惑を城にたとえ、また母胎にいる胎児のように、疑惑の心に満足し、安住して仏や法を見聞することができない閉鎖的な境地。この境地を懈慢界《けまんがい》ともいう。いずれも、真実の浄土に衆生を教え導くための仏土(化土)。

第十七条　方便化土と真実報土

【本文】

十七 一　辺地《へんじ》の往生をとぐるひと、ついには地獄《じごく》におつべしということ。この条、いずれの証文にみえそうろうぞや。学生《がくしょう》だつるひとのなかに、いいいだ（言出）さるることにてそうろうなるこそ、あさましくそうらえ。経論聖教《きょうろんしょうぎょう》をば、いかようにみなされてそうろうやらん。信心かけたる行者は、本願をうたがうによりて、辺地《へんじ》に生じて、うたがいのつみをつぐのいてのち、報土のさとりをひらくとこそ、うけたまわりそうらえ。信心の行者すくなきゆえに、化土《けど》におおくすすめいれられそうろうを、ついにむなしくなるべしとそうろうなるこそ、如来《にょらい》に虚妄《こもう》をもうしつけまいらせられそうろうなれ。

（真宗聖典638頁）

方便化土の説かれる意味

異義の第七は、〝方便の浄土である辺地《へんじ》に往生する人は、ついには地獄に堕《お》ちるのである〟という主張に対する批判です。唯円は、辺地往生の人は、結局地獄であるという異義に対して、その根拠となる教説があるかと反論し、しかもこのようなことが学者として通っている人の中で言い出されていることについて、まことに「あさましい」と一蹴《いっしゅう》しています。本願念仏の教えに遇いながら、真実信心、すなわちまことの目覚めが欠けていて仏の本願を疑う者が絶《た》えないことへの批判です。

真実の浄土に対して方便化土が説かれるのは一見まぎらわしく思われますが、唯円は聖人から〝念仏を称えていても、本願を疑う人のために、方便化土に生まれて、疑い続けてきた罪の深さと重さを知らしめて、その罪をつぐなって後に真実報土に生まれ、浄土のさとりを開くのである〃と承《うけたまわ》っていると述べています。真実信心の念仏者が少ないために、如来は、自力の心で念仏を称え本願を疑う者をも、真実の浄土に入らしめようと方便化土に往生することを勧められるのであるといわれるのです。

そこに方便化土の意味があるのであって、唯円は、〃化土に生まれる人は、ついに地獄に堕ちるというのは、仏の教えが虚妄《こもう》であるというのか。まことにおそれおおいことである〃と異義者に厳しく反省を求めるのです。

疑いの罪を知らしめる

『大経』に「往《ゆ》き易《やす》くして人なし」（真宗聖典57頁）との教説があります。「往き易い」とは、ひとたび本願に乗託《じょうたく》するならば、本願の真実報土に生まれることが疑いないからです。「人なし」というのは、真実信心の人が少ないから、真実報土に生まれる人もまれであるという意味です。いまこの『歎異抄』でも、信心の行者が少ないがゆえに、方便化土に往生することを勧めているのです。

繰り返しますが、念仏しながら自力の心を離れられないのは、本願を疑うからです。その本願を疑う罪の深さを知らしめて真実の浄土に生まれさせるために、方便化土が説き示されているのです。方便化土の世界は、辺地・懈慢《けまん》・疑城胎宮《ぎじょうたいぐう》といわれます。辺地は、まことの世界のほとりであり、懈慢は、怠《なま》け心やおごり心の人の生まれるところ、疑城胎宮は、仏智の不思議を疑う人の生まれるところを指します。いずれも、自力の念仏者の生まれるところです。自力をたのみとする人は、浄土も自分の思いによって、このような世界であろうと決めてしまいます。自分で決めた世界、それはすべて化土なのです。

しかし仏の本願は、そのような念仏しながら自力の心を離れられない者をも、必ず仏の世界に生まれさせようと誓うのです。それが第二十願の「果遂《かすい》の誓い」です。「浄土和讃」に「定散自力《じょうさんじりき》の称名《しょうみょう》は　果遂《かすい》のちかいに帰《き》してこそ　おしえざれども自然《じねん》に　真如《しんにょ》の門に転入《てんにゅう》する」（真宗聖典484頁）と詠われ、「果遂のちかい」の字に聖人は、「自力の心にて名号を称えたるをば、ついに果たし遂げんと誓い給うなり」という意味を見出され、仏の大悲を示してくださっています。

浄土──限りない光の世界

これまで「方便化土」について尋ねてきましたが、真実の浄土のことを聖人は、「真実報土」といわれます。それは、大悲の誓願に酬報《しゅうほう》する世界、本願によって開かれる真実の世界です。仏の広大な世界を自分の狭い思いの中に閉じこめて、自己満足するのが懈慢界（方便化土）ですが、そのような閉鎖《へいさ》された自己の思いを破って、真実の世界に生まれさせようとはたらくのが果遂の誓いです。

したがって「本願に帰す」という体験は、独りよがりの自己心が完全に破られて、本願の光明の世界にいま目覚め帰したという体験です。

また、聖人は浄土を「無量光明土《むりょうこうみょうど》」と教えています。『教行信証《きょうぎょうしんしょう》』で、「仏はすなわちこれ不可思議光如来《ふかしぎこうにょらい》なり、土はまたこれ無量光明土《むりょうこうみょうど》なり」（「真仏土巻」真宗聖典300頁）といわれています。浄土を単純に実体的に存在する世界と捉《とら》え、そこへの転生を往生と考えるのを化土往生といいます。真実の浄土は、阿弥陀の本願に開かれる限りなき智慧の光明の世界です。自己の執心《しゅうしん》を打ち砕《くだ》き、その捉われから解放して、まさに碍《さわ》りなき広大無辺の光の世界にわれらを生まれさせようとはたらくもの、それが仏の大悲の本願です。

したがって本願の名号の信心において、流転する生の虚妄性から解放されて、光に満ちた如来の功徳のはたらく世界に自己を見出すこととなるのです。真実の浄土は往《ゆ》くというよりも、本願の名号に帰する真実の信心に自然《じねん》に開かれてくる無碍光《むげこう》の世界なのです。

第十八条　真仏と化仏

【本文】

十八
一　仏法のかたに、施入物《せにゅうもつ》の多少にしたがいて、大小仏になるべしということ。この条、不可説なり、不可説なり。比興《ひきょう》のことなり。まず仏に大小の分量をさだめんことあるべからずそうろうや。かの安養浄土《あんにょうじょうど》の教主の御身量《ごしんりょう》をとかれてそうろうも、それは方便報身《ほうべんほうじん》のかたちなり。法性《ほっしょう》のさとりをひらいて、長短方円のかたちにもあらず、青黄赤白黒《しょうおうしゃくびゃくこく》のいろをもはなれなば、なにをもってか大小をさだむべきや。念仏もうすに化仏《けぶつ》をみたてまつるということのそうろうなるこそ、「大念には大仏をみ、小念には小仏をみる」（大集経意）といえるが、もしこのことわりなんどにばし、ひきかけられそうろうやらん。かつはまた檀波羅蜜《だんはらみつ》の行ともいいつべし。いかにたからものを仏前にもなげ、師匠《ししょう》にもほどこすとも、信心かけなば、その詮《せん》なし。一紙半銭《いっしはんせん》も、仏法のかたにいれずとも、他力にこころをなげて信心ふかくは、それこそ願の本意にてそうらわめ。すべて仏法にことをよせて、世間の欲心もあるゆえに、同朋《どうぼう》をいいおどさるるにや。

（真宗聖典638～639頁）

仏の御身量

異義の第八は、〝寺院や道場や僧侶などに布施をする、その分量の多少によって、浄土に往生して大小仏になる〟という主張への批判です。この条の問題は、これまでの異義と違って、きわめて現実的な問題であり、しかもいかなる宗教にも見られる問題でしょう。まず『歎異抄』の教説を聞いていきましょう。

布施や寄進の多少によって、大小仏になるという異義に対して、唯円は、何の根拠もないことであると否定します。まず仏の御身について、大きいとか小さいとか、その分量を定めることなど、あるべきことではない、と。

浄土の阿弥陀仏の御身の大きさは、『観経』の※真身観《しんしんかん》に説かれていますが、それはあくまでも一切衆生を救わんがために、仏自ら本願に相応して名のり現れた方便※報身《ほうじん》の相《すがた》です。経典で仏身の高さを「六十万億那由他恒河沙由旬《なゆたごうがしゃゆじゅん》」（真宗聖典105頁）といわれ、仏の眼は「四大《しだい》海水のごとし」（同前）といわれているのは、すべて人間のはからいの及ばないこと、無限量を示されたものです。私たちを導かんとする方便報身の仏を示しています。真如法性《しんにょほっしょう》（真実・真理）のまことの世界から、迷いの衆生を救うために名《みな》を示し、形を現された仏です。

御名としてはたらく仏

聖人は、『唯信鈔文意』において、次のように教えています。

法性《ほっしょう》すなわち法身《ほっしん》なり。法身《ほっしん》は、いろもなし、かたちもましまさず。しかれば、こころもおよばれず。ことばもたえたり。この一如《いちにょ》よりかたちをあらわして、方便法身《ほうべんほっしん》ともうす御《おん》すがたをしめして、法蔵比丘《びく》となのりたまいて、不可思議の大誓願《だいせいがん》をおこして、あらわれたまう御《おん》かたちをば、世親菩薩《せしんぼさつ》は、尽十方無碍光如来《じんじっぽうむげこうにょらい》となづけたてまつりたまえり。この如来《にょらい》を報身ともうす。誓願《せいがん》の業因《ごういん》にむくいたまえるゆえに、報身如来《にょらい》ともうすなり。(真宗聖典554頁)

また『一念多念文意』には、

方便《ほうべん》ともうすは、かたちをあらわし、御《み》なをしめして衆生にしらしめたまうをもうすなり。すなわち、阿弥陀仏《あみだぶつ》なり。(真宗聖典543頁)

といわれています。

われら衆生を仏の世界に生まれさせようと、色も形も超えた真如の世界から、名《みな》を示し形を現した仏、それが方便法身の阿弥陀仏です。だから唯円は長短方円とか青黄赤白黒《しょうおうしゃくびゃくこく》という、形や色を超えた仏をどうして大や小と決めることができるでしょうかと反論するのです。異義を主張する者は、『大集経《だいじっきょう》』に〝大きな声で念仏すれば大仏を見、小さな声で念仏すれば小仏を見る〟と説かれているのにかこつけて、布施の多少によって大小仏になるといったのでしょうが、そのようなことはありえないと唯円は言い切ります。

布施──信心の行為

布施の行は、※檀波羅密《だんはらみつ》の行といって、さとりにいたる菩薩の行の第一にあげられている実践行です。布施には財施《ざいせ》だけでなく、法施《ほうせ》（教えを施す）、無畏施《むいせ》

（恐怖心を取り除く）があります。いま、『歎異抄』は、どのような財宝を仏前に捧げ、師匠に施しても信心がないならば、その意味は全くないと言い切ります。たとえ紙一枚、銭半銭《はんせん》も「仏法のかたに」与えなくても、仏の本願に深く喚《よ》び覚まされて、仏の願心に帰して生きる者となるならば、それこそ弥陀の本願のこころにかなうものです。

布施の多少によって大小仏になるという主張は、すべて仏法にかこつけて世間的な欲心を満たそうとするのではないかと唯円は厳しく批判するのです。唯円は、いかにも純粋な念仏者であり、本願念仏の信に徹底して生きられた人であったからこそ、世の中のいわゆる物取り主義をけっして許すことはできなかったのでしょう。

布施行は、仏のさとりにいたる第一の実践行ですが、しかしそれは、ただ財宝を与えるというだけでなく、ものへの執着を捨てる行為であり、所有欲からの離脱を意味するものです。すべてを我がものとしたいという所有欲に生きる、われら人間への最も厳しい仏陀の教言です。

しかし、いま『歎異抄』では、その本来の意味以上に、聖人の教えに生きる者にとって、布施行は、何よりも本願念仏の教えに自覚的に生きるものとなった者の「信心の行為」でなければならないと教えているのです。

※真身観…『観経』に説かれる定善《じょうぜん》十三観（心をしずめ阿弥陀仏やその浄土を観ずる行）の第九観。仏の相《すがた》や光明を観ずる。

※報身…仏の願いに報いてあらわれ出た仏のすがた。

※檀波羅密…六波羅蜜（布施・持戒《じかい》・忍辱《にんにく》・精進・禅定《ぜんじょう》・智慧）の一つ。壇は布施の意。さとりの彼岸に到るために、菩薩が財宝や善法などの施しの行を完成すること。

後序（一）　往生の信心

【本文】

右条々はみなもって信心のことなるよりおこりそうろうか。故聖人《こしょうにん》の御ものがたりに、法然聖人《ほうねんしょうにん》の御とき、御弟子《おんでし》そのかずおおかりけるなかに、おなじく御信心のひとも、すくなくおわしけるにこそ、親鸞《しんらん》、御同朋《どうぼう》の御なかにして、御相論《ごそうろん》のことそうらいけり。そのゆえは、「善信が信心も、聖人《しょうにん》の御《ご》信心《しんじん》もひとつなり」とおおせのそうらいければ、勢観房《せいかんぼう》、念仏房《ねんぶつぼう》なんどもうす御同朋達《どうぼうたち》、もってのほかにあらそいたまいて、「いかでか聖人の御信心に善信房《ぜんしんぼう》の信心、ひとつにはあるべきぞ」とそうらいければ、「聖人の御智慧《おんちえ》才覚《さいかく》ひろくおわしますに、一《ひとつ》ならんともうさばこそ、ひがごとならめ。往生の信心においては、まったくことなることなし、ただひとつなり」と御返答ありけれども、なお、「いかでかその義あらん」という疑難《ぎなん》ありければ、詮《せん》ずるところ聖人の御まえにて、自他の是非をさだむべきにて、この子細をもうしあげければ、法然聖人のおおせには、「源空が信心も、如来《にょらい》よりたまわりたる信心なり。善信房《ぜんしんぼう》の信心も如来よりたまわらせたまいたる信心なり。されば、ただひとつなり。別の信心にておわしまさんひとは、源空がまいらんずる浄土《じょうど》へは、よもまいらせたまいそうらわじ」とおおせそうらいしかば、当時の一向専修《いっこうせんじゅ》のひとびとのなかにも、親鸞《しんらん》の御信心にひとつならぬ御《おん》こともそうろうらんとおぼえそうろう。いずれもいずれもくりごとにてそうらえども、かきつけそうろうなり。露命《ろめい》わずかに枯草《こそう》の身《み》にかかりてそうろうほどにこそ、あいともなわしめたまうひとびとの御不審《ごふしん》をもうけたまわり、聖人のおおせのそうらいしおもむきをも、もうしきかせまいらせそうらえども、閉眼《へいがん》ののちは、さこそしどけなきことどもにてそうらわんずらめと、なげき存《ぞん》じそうらいて、かくのごとくの義ども、おおせられあいそうろうひとびとにも、いいまよわされなんどせらるることのそうらわんときは、故聖人《こしょうにん》の御《おん》こころにあいかないて御もちいそうろう御聖教《おんしょうぎょう》どもを、よくよく御らんそうろうべし。おおよそ聖教《しょうぎょう》には、真実権仮《しんじつごんけ》ともにあいまじわりそうろうなり。権をすてて実をとり、仮をさしおきて真をもちいるこそ、聖人《しょうにん》の御本意にてそうらえ。かまえてかまえて聖教《しょうぎょう》をみみだらせたまうまじくそうろう。大切の証文ども、少々ぬきいでまいらせそうろうて、目やすにして、この書にそえまいらせてそうろうなり。聖人のつねのおおせには、「弥陀《みだ》の五劫思惟《ごこうしゆい》の願《がん》をよくよく案ずれば、ひとえに親鸞一人《しんらんいちにん》がためなりけり。されば、そくばくの業《ごう》をもちける身にてありけるを、たすけんとおぼしめしたちける本願のかたじけなさよ」と御述懐《ごじゅっかい》そうらいしことを、いままた案ずるに、善導の、「自身はこれ現に罪悪生死《ざいあくしょうじ》の凡夫《ぼんぶ》、曠劫《こうごう》よりこのかた、つねにしずみ、つねに流転して、出離の縁あることなき身としれ」(散善義)という金言に、すこしもたがわせおわしまさず。されば、かたじけなく、わが御身《おんみ》にひきかけて、われらが、身の罪悪のふかきほどをもしらず、如来《にょらい》の御恩のたかきことをもしらずしてまよえるを、おもいしらせんがためにてそうらいけり。まことに如来の御恩ということをばさたなくして、われもひとも、よしあしということをのみもうしあえり。聖人《しょうにん》のおおせには、「善悪のふたつ総じてもって存知《ぞんじ》せざるなり。そのゆえは、如来《にょらい》の御《おん》こころによしとおぼしめすほどにしりとおしたらばこそ、よきをしりたるにてもあらめ、如来《にょらい》のあしとおぼしめすほどにしりとおしたらばこそ、あしさをしりたるにてもあらめど、煩悩具足《ぼんのうぐそく》の凡夫《ぼんぶ》、火宅無常《かたくむじょう》の世界は、よろずのこと、みなもって、そらごとたわごと、まことあることなきに、ただ念仏のみぞまことにておわします」とこそおおせはそうらいしか。まことに、われもひともそらごとをのみもうしあいそうろうなかに、ひとついたましきことのそうろうなり。そのゆえは、念仏もうすについて、信心のおもむきをも、たがいに問答し、ひとにもいいきかするとき、ひとのくちをふさぎ、相論をたたかいかたんがために、まったくおおせにてなきことをも、おおせとのみもうすこと、あさましく、なげき存《ぞん》じそうろうなり。このむねを、よくよくおもいとき、こころえらるべきことにそうろうなり。これさらにわたくしのことばにあらずといえども、経釈のゆくじもしらず、法文《ほうもん》の浅深《せんじん》をこころえわけたることもそうらわねば、さだめておかしきことにてこそそうらわめども、古親鸞《こしんらん》のおおせごとそうらいしおもむき、百分が一《ひとつ》、かたはしばかりをも、おもいいでまいらせて、かきつけそうろうなり。かなしきかなや、さいわいに念仏しながら、直《じき》に報土にうまれずして、辺地《へんじ》にやどをとらんこと。一室の行者のなかに、信心ことなることなからんために、なくなくふでをそめてこれをしるす。なづけて『歎異抄《たんにしょう》』というべし。外見《げけん》あるべからず。（真宗聖典639〜641頁）

信心一異の諍論《じょうろん》

「右条々」以下は、後序と呼ばれ、異義八カ条を統括し、異義のおこる原因を明らかにして、聖人が開顕された真宗仏道の要諦を3つの教説をもって明らかにしています。第一は「信心一異の諍論」、第二は「聖人の常の仰せ」、第三は「ただ念仏のみぞまこと」の教説です。まず第一について考えていきましょう。

唯円は、異義の生ずる根を、信心の異なるところから生ずるのであると解して、聖人の吉水時代の出来事である「信心一異の諍論」を紹介しています。

普通一般の宗教では、信仰の対象が同一で、信ずる心は人それぞれ別々であると解釈されます。ところが親鸞聖人は、同朋たちとの問答で、〝この善信（親鸞）

の信心も法然上人のご信心も同一であります〟といわれたのです。この発言に対して勢観房・念仏房などの門弟から「もってのほか」といわれ、〝どうして、法然上人の信心と善信房の信心が同一であるはずがあろうか〟と反対されたので、〝法然上人の智慧才覚が大変勝れておられるのに、この愚かな私が同一であるというのならば、それこそ大きな間違いです。しかし、往生浄土の真因となる真実の信心については、まったく異なるところはなく、ただ一つである〟と答えました。けれどもなお非難が続いたので、結局、師である法然上人の前で、いずれの主張が正しいかを決めていただくことになった、という出来事が「信心一異の諍論」です。

信心は同一なり

その時、法然上人は、〝この源空（法然）の信心も如来よりたまわった信心である。善信房の信心も如来よりたまわられた信心であります。だからまったく同一であります。この源空の信心と別の信心に生きる人は、源空がまいろうとしている浄土へは、よもや、まいられることはありますまい〟と仰せられたのです。この頃、念仏の人びとの中にも、聖人のご信心に同一ではない、自分勝手な信仰理解に生きる人がいるということを最も歎かわしく思われて、唯円は、この信心同一の問答を結びの最初に掲げたのです。

そして、以上述べてきたことは、みな老いの繰言《くりごと》であり、しかも自分が亡くなった後には、さぞかし、さまざまな考えが入り乱れて混乱することが思われるので、聖人の真実の信心を明らかにしている「大切な証拠の文」を抜き出して、信心を明かす「目やす」にさせていただいたのであると唯円は述べています。

そうすると『歎異抄』の一文一句は、念仏の教えに生きようとするわれわれの信仰の誤りを正し、聖人と同一の信心に呼び帰そうとする、唯円の熱い願いと叫びであり、それをわれわれはしっかりと聞きあてなければならないのでしょう。

信心―願心の回向成就

さて、信心とは「如来よりたまわりたる」ものとして、いかなる人においても同一であるというのは、どういう意味でしょうか。聖人は、念仏を「本願の名号」と了解されました。本願の名号とは、如来の名のり、すなわち「心を至し信楽して我が国に生まれんと欲《おも》え」という「本願招喚の勅命」です。その願心に喚《よ》びさまされた目覚めを「信心」と了解されたのです。したがって信心とは、必ず本願の名号に開かれた根源的覚醒なのです。

そのことを聖人は、何度もふれますが、『教行信証』で、信心とは「阿弥陀如《あみだにょ》来《らい》の清浄願心《しょうじょうがんしん》の回向成就《えこうじょうじゅ》」（真宗聖典223頁）であると究明されたのです。回向成就とは、如来の願心がいまわれらの一人ひとりに発起した信心として体験された事実をいい、信心とは、如来の願心そのものの衆生への現前であり現成であるという了解です。如来に帰命するという信は、われらが如来に帰依し信順する心であるというよりも、それ以上に、如来がわれらの煩悩心をうち砕いて名のり出るのです。衆生に獲得された信心と如来の願心は、回向成就として体は一であるというところに、聖人の信心理解の独創性があるのです。

信心とは如来の願心の回向成就であるからこそ、その信心において、如来の自証の浄土の功徳が開示されて、如来の真実功徳を生きる者となるのです。本願に救われた者は、本願を荷負い、本願を行証する者となるのです。それが信心の行《ぎょう》人《にん》です。

後序（二）　本願成就は人間の成就

聖人のつねのおおせ

「後序」で注意すべき二点目は、有名な「聖人のつねのおおせ」です。

弥陀《みだ》の五劫思惟《ごこうしゆい》の願《がん》をよくよく案ずれば、ひとえに親鸞一人《しんらんいちにん》がためなりけり。されば、そくばくの業《ごう》をもちける身にてありけるを、たすけんとおぼしめしたちける本願のかたじけなさよ。

この述懐《じゅっかい》は、〝「阿弥陀仏が一切の衆生を救わんと五劫の時を尽くし思惟し誓われた本願をよくよく頂いてみると、ひとえにこの親鸞一人を救わんがためであった。おもえば、はかりしれない罪業をもったこの身であるのに、たすけようとおもいたってくださった阿弥陀の本願は、何とかたじけないことであろうか」という、聖人の常の仰せを今またわが身に引きあててみますと、かの中国の祖師・善導《ぜんどう》大師が、「自身は、現にこれ罪悪生死《ざいあくしょうじ》の凡夫《ぼんぶ》、久しく遠い昔から、常に生死苦悩の海に沈み、常に流転し続けて、ついにこの苦悩から出離する縁のない身である、と知れ」という、あの尊い不滅の言葉と少しも異なったところがありません。そうしてみると聖人のご述懐は、まことにもったいなくも、聖人ご自身がわが御身にひきかけられて、実は私たちが、自らの罪悪の深いことを知らず、如来のご恩の高いことを知らずして迷い続けているのを思い知らせようとするためであったのです〃と唯円はいうのです。

信心——法蔵願行の自証

阿弥陀仏の本願とは、これまでに幾度も申してきましたが、一切の苦悩の衆生を仏の世界に生まれさせんと喚《よ》び、生まれなければ仏は正覚を取らないと誓う仏の誓願でありました。しかも、その誓願は、法蔵菩薩として誓い発《おこ》されていた。法蔵菩薩とは、苦悩の衆生の根底にまで身を捨ててくださった大悲の仏名です。衆生そのものとなり、衆生一人ひとりの仏道の課題を荷負い成就せんとする仏のはたらき、それが法蔵菩薩の本願です。

聖人は、本願念仏に開かれた信心を通して、われらの一切の責任を引き受けて、われらを仏の世界に生まれさせようとはたらく法蔵菩薩の願行を、いま深々と自証されたのです。「十方の衆生」と喚びかけられている本願を「ひとえにこの親鸞一人がため」と頷いた時、その信心の背景として法蔵菩薩の五劫思惟の願と兆載永劫《ちょうさいようごう》の修行、そして、その功徳の回施《えせ》をこの身に深く深く実感し自証されたのです。「十方の衆生」とは一体誰なのか――。それはこの自分であり、自らをおいて他にいないと受けとめたのです。

そこに、法蔵菩薩となってはたらく如来の願行の御苦労を、いま自らに開かれた信心を通してはっきりと自証された。その時、聖人は大きな感銘とともに「かたじけなさよ」と叫ぶより他なかったのです。

本願成就は一人の成就

「かたじけなさよ」という謝念の叫び、そこに聖人における本願の成就があります。本願の成就は、聖人における信心の成就であり、信心の成就は「一人」の成就です。法蔵の五劫思惟、永劫修行とは、経典における単なる説話ではなく、実は如来の願心が、われら一人ひとりの煩悩・自我心を破って名のり出て、尽十方無碍光の世界に生まれさせようとはたらく行信の、いわば因位の光景を表すものです。われらに真実の信心が獲得されるまで「我が国に生まれんと欲《おも》え」と招喚する如来の願心と、われらの煩悩・自我心とのぶつかりあい、戦いともいうべき因位の光景があるのです。われらの自我心を破って、真に主体なるものとしてわれらに発起してくる因位の光景を表すもの、それが法蔵菩薩の御苦労の意味するところです。

ですから唯円は、聖人の御述懐を、いま、またわが身に引きあててみますと、かの善導大師の機の深信の表白《ひょうびゃく》に少しも異なるところがないというのです。本願の成就としての信心は、善導の二種深信の教説を内実とするものです。前（109・142頁）にふれましたが、「機の深信」とは、本願において証知された罪業の身の自覚であり、「法の深信」とは、その罪業の身の底にはたらく如来の願力への信知です。聖人の御述懐は、本願の大悲のかぎりない深さとその大悲心にそむく罪業の身の表白です。それが本願の信の自覚内容なのです。

後序(三)　念仏に開かれる仏道

念仏のみぞまこと

「後序」で注意すべき第三の仰せは、親鸞聖人が〝何が善で何が悪か、私は善悪について全く知らない〟といって、

煩悩具足《ぼんのうぐそく》の凡夫《ぼんぶ》、火宅無常《かたくむじょう》の世界は、よろずのこと、みなもって、そらごとたわごと、まことあることなきに、ただ念仏のみぞまことにておわします。

と述べられた言葉についてです。〝あらゆる煩悩をそなえ、その煩悩心の成就のために生きようとするわれら凡夫や、火のついた家のように無常であるこの世界

は、一切がみな、うそ、いつわりであって、何ひとつ真実なものはない。ただ念仏だけがまことである〟というのです。

では、念仏はどうして真実なのでしょうか。これまで何度もふれてきたように、法然上人が善導大師の教えによって念仏を「本願の行」と解釈されましたが、聖人は、それをさらに根源化して「本願の名号」と捉え、称名念仏を「大《だい》行《ぎょう》」すなわち如来の願心の現前・現行と了解されたのです。

大行としての称名

称名は、もちろん南無阿弥陀仏と称することです。しかし聖人が、称名を「大行」と捉えて「無碍光如来の名を称するなり」といわれたのは、念仏は、つねに如来の願心の現前であり現働であるからです。名号は、単に如来の名ではなく、如来が名として衆生の一人ひとりに名のり出て、衆生を仏の世界に喚《よ》び帰さんとはたらく本願の名号です。「心を至し信楽《しんぎょう》して我が国に生まれんと欲《おも》え」と招喚し続ける大悲願心の現前現働、それが名号です。だから聖人は、一切の衆生を無上大涅槃にいたらしめんとはたらく大慈大悲の誓いの御名を「如来の尊号」(『唯信鈔文意』真宗聖典547頁)と尊ばれたのです。

『教行信証』の「行巻」で、大行としての称名念仏は、真如一実の功徳宝海が極速に円満する、と言い切られています。真如一実の功徳とは、無上涅槃の功徳です。本願の名号に帰する信心において、如来浄土の功徳、無上涅槃の功徳が、直ちに円満し、それを自証《じしょう》するものとなるのです。聖人は、如来の不虚作住持功《ふこさじゅうじく》徳《どく》を語る教言を解釈して、『一念多念文意』で、

金剛心《こんごうしん》のひとは、しらず、もとめざるに、功徳の大宝《だいほう》、そのみにみちみつがゆえに、大宝海《だいほうかい》とたとえたるなり。(真宗聖典544頁)

といい、また『尊号真像銘文』では、

よく本願力を信楽《しんぎょう》する人は、すみやかにとく功徳《くどく》の大宝海を信ずる人の、そのみに満足せしむるなり。（真宗聖典519頁）

と教えています。称名念仏に自証されるものは、如来浄土の功徳なのです。

念仏——浄土を開示する行

称名とは、確かに口に南無阿弥陀仏と称することです。しかし、その称名は、つねに本願の名号の等流《とうる》であり、如来の名のりが輝き、如来の願心の躍動であるから、その称名に、無上涅槃の功徳が極速に円満するのです。本願の名号に自覚的に帰した人は、直ちに如来の無上涅槃のはたらきの中に、すなわち尽十方無碍光の世界の中に、自己を見出し、大般涅槃無上の大道を歩む者となるのです。念仏の教えにこのような確信を得た時、聖人は、念仏を「浄土《じょうど》真実の行《ぎょう》」（『教行信証』「行巻」真宗聖典156頁）と顕揚《けんよう》し、「ただ念仏のみぞまことにておわします」と断言されたのです。

浄土真宗の仏道は、如来の回向に開かれ、如来の回向に成り立つ仏道です。如来の回向とは、『一念多念文意』に、

「回向《えこう》」は、本願の名号《みょうごう》をもって十方《じっぽう》の衆生《しゅじょう》にあたえたまう御《み》のりなり。

（真宗聖典535頁）

といわれるように、本願の名号がわれら衆生に与えられている事実です。唯円は、いま聖人から〝この名号に目覚め立って生きよ〟と教え導かれたのです。聖

人の叫びは、そのまま、いまここに生きる私たちへの発遣《はっけん》の声なのです。

本書は、真宗大谷派金沢別院発行機関紙『御山御坊』（現『おやまごぼう』）にて、2000年11月号から2002年10月号まで連載された小野蓮明氏の「歎異抄に学ぶ──唯円が出会った親鸞」を基に書籍化したものです。

著者略歴

小野蓮明（おの・れんみょう）

1937年、石川県生まれ。大谷大学卒。大谷大学名誉教授。金沢教区潮音寺前住職。2019年逝去。著書に、『願と信―親鸞の主体性論―』、『本願の行信道』（以上、文栄堂）、『親鸞の信仰と思想―真宗・われらの大地』（法藏館）、『『顕浄土真実信文類』講讃―証大涅槃の真因』、『観無量寿経講要』（以上、東本願寺出版）など。

歎異抄《たんにしょう》の輝《かがや》き ―唯円《ゆいえん》が出遇《であ》った親鸞《しんらん》

2022（令和4）年12月10日　第1刷発行

著　者……小野蓮明

発行者……木越　渉

編集発行……東本願寺出版（真宗大谷派宗務所出版部）
〒600-8505　京都市下京区烏丸通七条上る
TEL　075-371-9189（販売）
　　　075-371-5099（編集）
FAX　075-371-9211

印刷・製本……中村印刷株式会社

乱丁・落丁本の場合はお取替えいたします

ISBN978-4-8341-0662-6 C0215